**평범한 직장인,
미국 영주권 받기**

일러두기

1. 미국 영주권 내용이다 보니 미국 지명·보조금·학교명 등이 언급됩니다. 한글로 번역하기 어색한 단어는 부득이하게 영어 그대로 표기했습니다.

2. 이 책은 NIW·이민전문변호사 2명, 이민전문업체의 유료 컨설팅 그리고 변리사, 미국기술사의 도움을 받아 집필되었습니다.

3. 같은 CASE라도 이민심사관 및 영사 재량에 따라 결과가 달라질 수 있습니다. 또한 이민국의 유권해석·처리지침, 이민법도 수시로 바뀔 수 있습니다. 따라서 이민을 고려하는 독자는 이민법 전문가에게 법률 상담 받기를 권고합니다.

4. 저자는 책의 내용에 법적 책임이 없음을 알려드립니다.

5. EB-1 (ⓐ)은 편의상 EB-1 (①)로 표기했습니다.

6. PART 3의 자료들은 참조용으로, 개인·변호사·에이전트에 따라 다를 수 있습니다. 또한 개인 정보에 관련된 부분은 모자이크 처리했음을 알려드립니다.

평범한 직장인, 미국 영주권 받기

서류 준비부터 대사관 인터뷰까지
한국에서 받는 미국 이민 NIW 영주권

남정용 지음

매일경제신문사

미국 이민의 구체적 그림을 그려주는 책

　많은 분들이 회사 생활하는 가운데 이민을 꿈꾸고 있습니다. 그러나 투자이민은 경제적 부담이 크고, 가족이민은 기다리는 기간이 길다 보니 이민의 꿈을 접게 됩니다. 《평범한 직장인, 미국 영주권 받기》의 저자는 일반 대기업에서 근무하며 끊임없는 자기계발을 통해 미국 기술사 자격증을 취득했습니다. 또한 안정적이고 선망의 대상이 되는 업무보다 새로운 업무를 맡아했고, 그 와중에 터득한 기술을 바탕으로 미국 이민에 성공했습니다.

　자신의 실력과 노력으로 이루어낸 미국 이민이라는 점에서 저자의 도전은 더욱 값지다고 할 수 있습니다. 저자는 미국 영주권 취득을 위한 자격요건, 준비 방법, 경험담을 녹여서 유익한 정보를 쉽게 전달해주고 있습니다. 실제 저는 이 원고를 받자마자 앉은 자리에서

다 읽었습니다.

저는 한국에서 변호사로 활동하다 미국으로 이주하여 이민자로 학업을 마쳤습니다. 그러던 중 한국과 미국 사회의 큰 차이점을 발견했습니다. 한국 사회는 한 사람의 과거 성과나 학력에 평가 초점을 맞춥니다. 이는 새 출발하려는 사람들에게 매우 냉혹한 것이라 할 수 있습니다.

하지만 미국 사회는 과거에 아무리 대단한 경력이 있다고 하더라도, 그 경력에서 스스로 느끼고 배운 것이 없다면 높이 평가하지 않습니다. 우리가 보기에는 그리 훌륭하지 않은 경력이라도, 그것을 얻기 위한 노력과 배운 교훈이 있다면 오히려 그 사람에게 가능성이 있다고 봅니다.

이러한 분위기는 전문직 이민(NIW) 승인 과정에도 동일하게 적용됩니다. 즉, 과거 논문 인용 건수가 많은 것도 중요하지만, 그에 못지않게 청원자 경력이 '장래 미국 국익에 이바지할 부분이 있는지' 여부를 중점적으로 봅니다. 실제 판례에서도 '실제적인 이익의 발생'을 요구하는 것이 아니라 '잠재가능성'이 있다는 것만으로 충분하다고 봅니다.

따라서 인기 있는 주요 업무가 아니라 오히려 성장 초기라 저평가 받는 부서에서 묵묵히 일하는 창조적·혁신적 업무 담당자가 유리할 수 있습니다. 예를 들어, 연구기관 연구직, 대기업·중소기업 엔지니어, 스타트업 종사자입니다. 또한 미국은 '미국 국익에 도움이 된다'고 판단하는 분야를 매우 넓게 보고 있습니다. 따라서 일반 회사원 중 경영, 마케팅, 예술(예체능, 방송연예, 문화 등), 교육 종사자 경우에도 전문직 이민의 기회가 열려있습니다.

　이 책은 한국의 치열한 경쟁, 미세먼지 등 때문에 미국 이민을 고민하는 독자에게 돈이 없더라도 자신의 노력, 전문성, 실력을 배양한다면 미국 영주권을 받을 수 있다는 기쁜 소식을 전해줍니다. 엔지니어, 박사, 전문직 종사자뿐 아니라 일반 회사원도 시간을 두고 준비한다면 가능합니다. 미국 이민을 고민하는 이들이 이 책을 읽고 나도 갈 수 있다는 희망과 더불어 준비에 대한 구체적인 그림을 얻으리라 확신합니다.

한국 / 미국변호사 안현주

미국 이민이라는 과정의 길잡이

《평범한 직장인, 미국 영주권 받기》는 미국 영주권을 필요로 하거나 미국 진출을 원하는 많은 독자에게 소중한 길잡이입니다.

이민 가기 위해서는 영주권을 받아야 합니다. 이민이란 이 두 글자는 아이들 교육, 가족의 미래, 새로운 도전 등 많은 것을 포함하고 있습니다. 이러한 추상적인 것만으로도 무겁고 어렵게 느껴집니다. 게다가 막상 추진하게 되면 수속 과정이라는 긴 터널을 만나게 됩니다. 앞이 보이지 않는 어두운 터널을 그냥 가는 것과 터널의 정보를 알고 가는 길은 엄청난 차이가 있을 겁니다.

《평범한 직장인, 미국 영주권 받기》는 그 수속 과정이라는 터널을 비추는 빛이 되어 주고 있습니다. 또한 모두가 어렵고 힘들게만 생각하는 미국 영주권 받기가 생각보다 어렵지 않을 수 있다는 것도 말하고 있습니다. 미국 영주권 신청 전 이 책을 보고 정보를 미리 습득한다면, 가장 어려운 단계인 신청여부의 판단이 한결 쉬워지고 과정 또한 용이해질 것입니다.

《평범한 직장인, 미국 영주권 받기》가 미국 영주권을 필요로 하는 많은 독자의 길잡이가 될 수 있기를 기원합니다. 또한 이 책의 발간을 진심으로 축하합니다.

이민법인대양 대표이사 김지선

　매해 악화되는 미세먼지, 입시·취업 전쟁, 대내외적 정치 문제…
많은 이유로 이민을 생각하게 되는 요즘입니다. 이민에 대한 관심은
높아지고 있지만, 서점에 가보면 관련 책은 거의 없습니다. 또한 미
국 가서 취업하는 데 가장 중요한 비자 관련 내용(특히, 영주권) 및 취
업 정보를 알려주는 책은 더욱 없습니다. 미국에서 살기 위해서는
신분 문제 해결이 영어 능력보다 중요합니다. 이에 이 책에서는 영
주권이 왜 중요하며 어떻게 받았고, 미국 생활 기본 요건을 어떤 식
으로 마련했는지를 말하고자 합니다.

　먼저, 미국 영주권 종류를 소개합니다. 특히, 투자·고용주 등 요
건 없이 개인 능력(NIW 영주권; National Interest Wavier) 증명으로 영주
권 받는 방법을 알려드립니다. NIW는 취업이민 2순위 비자(EB-2)입
니다. 고학력자나 특별 능력 보유자의 활동이 미국 국익에 도움될
때 취업요건을 면제해주는 영주권입니다. 한국의 평범한 엔지니어

인 제 사례를 들었습니다. 엔지니어 사례뿐만 아니라 NIW 일반적인 과정을 담았기에 모든 경우에 적용 가능합니다. NIW는 의학, 경영, 경제, 스포츠, 예술 등 분야에서 개인의 능력과 객관적인 실적이 미국 국익에 부합한다면 승인될 수 있습니다. 트럼프는 불법 이민에 강경한 반면, 인재라면 환영하고 있습니다.

NIW 승인 사례를 보면, 몇 년 전만 하더라도 박사급 고급인력(SCI급 논문 두 자릿수 이상, 피인용 수는 세 자리 이상 권장)만 가는 것이 대부분이었습니다. 하지만 저는 국내 MBA로 석사가 최종 학력입니다. 물론 학사는 명문대를 나왔으나, 명문대 여부가 그다지 중요해 보이진 않습니다. 또한 이 책을 쓰면서 변호사와 이민전문업체에 확인 결과, 꼭 박사가 아니어도 개인의 역량을 키운다면 NIW에 도전할 수 있다는 답변이 왔습니다. 특히 '미준모'(미국 이민을 준비하는 모임, 네이버 카페) 같은 커뮤니티를 보면 석사, 심지어 학사까지도 승인되고 있음을 알 수 있습니다.

미국 이민 정책은 매해 변하고 있습니다. 최근에는 이민국 승인이 나더라도 미국대사관 인터뷰에서 발목 잡히는 경우가 많은 것으로 확인됩니다. 2017년까지만 하더라도 대사관 인터뷰는 형식적 절차였습니다. 하지만 2018년부터 청원자의 미국 이민 적합성 및 진위 여부를 확인하기 위해 AP_{Administrative Process}를 발급하는 경우가 많아졌습니다(보완 서류, 진위 여부, 추천서 등을 집중적으로 확인. 혹자는 가장 피 말리는 과정이라고 함). 이에 따라 요즘 영사 인터뷰가 어떻게 달라졌는지, 준비는 어떻게 해야 하는지를 다루었습니다.

이 책을 보며 준비한다면 저보다 단시간에 미국 영주권을 취득할 수 있다고 생각합니다. 물론 영주권 심사 결과가 심사관 판단에 따라 결정되기 때문에, 이 책에서 말하는 방법과 과정이 정답이라고 할 수는 없습니다. 하지만 관련 분야 전문가(이민법 변호사 2명, 변리사, 컨설턴트, 미국 기술사)의 유료 컨설팅 및 도움을 받아 책의 보편성, 객관성을 높였다고는 말할 수 있습니다. 전문가 컨설팅을 받았음에도 비전문가인 제가 이민법의 상세 내용을 다룬다는 것은 어려운 일이라 NIW 큰 줄기만 다루었습니다. 또한 일반 대중에 맞춰 최대한 쉽게 썼습니다. 이 책을 통해 평범한 직장인이 회사 다니며 역량을 키움과 동시에 제2의 인생을 시작하는 데 도움이 되길 희망합니다.

한 눈에 보는 NIW 진행 과정 (2019년 5월 기준)

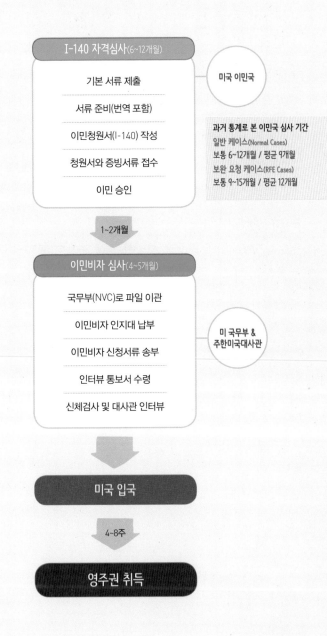

I-140 자격심사(6~12개월)

기본 서류 제출

서류 준비(번역 포함)

이민청원서(I-140) 작성

청원서와 증빙서류 접수

이민 승인

미국 이민국

과거 통계로 본 이민국 심사 기간
일반 케이스(Normal Cases)
보통 6~12개월 / 평균 9개월
보완 요청 케이스(RFE Cases)
보통 9~15개월 / 평균 12개월

1~2개월

이민비자 심사(4~5개월)

국무부(NVC)로 파일 이관

이민비자 인지대 납부

이민비자 신청서류 송부

인터뷰 통보서 수령

신체검사 및 대사관 인터뷰

미 국무부 &
주한미국대사관

미국 입국

4~8주

영주권 취득

CONTENTS

PART 01 미국 영주권 파헤치기

미국 영주권 혜택 3가지 20

무료 공립 교육 | 대학 학비 절감

영주권 없으면 취업 어렵다 | 영주권, 비자가 있다면?

미국 영주권, 정말 받기 어려울까 37

취업영주권 5가지 살펴보기

미국에서의 취업 이민 과정은?

한국 내에서 영주권 수속 과정

NIW 알아보기 46

NIW 장점 3가지 | NIW 지원 자격은 어떻게 될까

과학, 공학, 의학 해당자만 가능하다?

변호사나 이민전문업체가 요구하는 내용은?

국가적인 이익이란?

PART 03 **NIW 어떻게 진행될까?**

NIW, 똑똑하게 진행하기 98

혼자 진행할 수 있을까 | 필요 서류는 무엇일까
추천서 받기 | 서류 작성 시 유의사항

수속 과정 알아보기 106

이민국 인지대 발급 및 접수 | 이민국 승인
NVC 수속 | 신체검사하기 | 인터뷰 및 주의사항

비자 수령과 또 다른 시작 123

첫 미국 입국

평범한 직장인, 미국 영주권 받다 126

PART 01

미국 영주권
파헤치기

미국 영주권 혜택 3가지

영주권은 외국인이 해당 나라 국적을 가지고 있지 않음에도, 영구 거주하면서 취업, 투자, 사업, 교육 등을 누릴 수 있는 권리를 말합니다. 해당 국가 국민처럼 대부분의 복지 혜택도 받을 수 있습니다. 그럼 미국 영주권을 갖게 된다면 어떤 혜택이 있을까요?

무료 공립 교육

시민권자, 영주권자 자녀는 공립 교육 혜택을 받을 수 있습니다. 조사에 따르면 영주권 없이 사립 초등학교에 보낼 경우, 학비로 1년 평균 약 2만~3만 5,000달러(한화 2,300~4,025만 원)가 듭니다. K-12 전 교육과정을 명문 사립학교에 보낼 경우, 45만 달러(약 5억 1,750만 원)가 듭니다[1]. 하지만 공립 교육은 무료입니다.

보통 명문 사립학교를 보내야만 아이비리그(미국 동부에 있는 8개 명문 대학교; 브라운, 컬럼비아, 코넬, 다트머스, 하버드, 펜실베이니아, 프린스턴, 예일) 혹은 명문대학교에 보낼 수 있다고 생각합니다.

물론 공립고등학교보다 사립고등학교 SAT(미국 대학 입학 시험; new SAT 기준 1,600점 만점) 평균이 높습니다. 하지만 몇몇 명문 공립고등학교의 경우, 사립고등학교를 능가하는 성적과 진학률을 보이고 있습니다. 미국 100위권 내 공립고등학교 상당수의 SAT 평균 점수는 1,400점 대입니다. 아이비리그, MIT, 스탠퍼드 등 명문대 SAT 25~75% 분위 점수가 1,420~1,570점(2018년 기준)인 것으로 봤을 때, 명문 공립고등학교의 우수성을 알 수 있습니다. 잘 알려진 토머스 제퍼슨 과학고등학교도 명문 공립고등학교 중 하나입니다. 다음은 미국 아이비리그 대학의 평균 SAT 점수 표입니다.

아이비리그 SAT 평균 점수[2]

아이비리그 대학	평균 SAT 점수(25%~75% 분위)
브라운 대학교	1,405~1,570
컬럼비아 대학교	1,410~1,570
코넬 대학교	1,390~1,550
다트머스 대학교	1,430~1,560
하버드 대학교	1,460~1,590
프린스턴 대학교	1,430~1,570
펜실베이니아 대학교	1,420~1,560
예일 대학교	1,460~1,580

다음으로, 명문 공립고등학교 평균 SAT, ACT_{American College Test}[3] 점수 및 미국 통계 니치_{niche}에 발표된 '최우수 사립고등학교' 점수입니다.

미국 최우수 공립고등학교 SAT, ACT 평균 점수[4](2018년)

학교명	소재지	SAT 평균 점수	ACT 평균 점수
BASIS Tucson North	애리조나주, 투손	1,420	32
블루 밸리 노스 고등학교Blue Valley North High School	캔자스주, 오버랜드 파크	1,400	30
테슬라 STEM 고등학교Tesla STEM High School	워싱턴주, 레드몬드	1,420	33
The Early College at Guilford	노스캐롤라이나주, 그린즈버러	1,420	33
Marine Academy of Technology & Environmental Science MATES	뉴저지주, 마나호킨	1,410	32
데이비슨 아카데미The Davidson Academy	네바다주, 리노	1,510	34
Henry M. Gunn High School	캘리포니아주, 팰로앨토	1,410	32
High Technology High School	뉴저지주, 린크로프트	1,510	34
브롱스 과학 고등학교Bronx High School of Science	뉴욕주, 브롱스	1,410	32
Maggie Walker Governor's School	버지니아주, 리치몬드	1,400	33
버겐 카운티 아카데미Bergen County Academies	뉴저지주, 해컨색	1,450	33
Liberal Arts & Science Academy LASA	텍사스주, 오스틴	1,400	32
메사추세츠 수학 과학 고등학교 Massachusetts Academy of Math & Science	메사추세츠주, 우스터	1,470	34
BASIS Scottsdale	애리조나주, 스코츠데일	1,470	34
스태튼아일랜드 고등학교Staten Island Technical High School	뉴욕주, 스태튼아일랜드	1,400	32
스튜이버선트 고등학교Stuyvesant High School	뉴욕주, 뉴욕	1,470	33
토머스 제퍼슨 과학 고등학교 Thomas Jefferson High School for Science & Technology	버지니아주, 알렉산드리아	1,510	34
일리노이주 수학 과학 고등학교 Illinois Mathematics and Science Academy	일리노이주, 오로라	1,450	33

미국 최우수 사립고등학교 SAT, ACT 평균 점수[5](2018년)

학교명	소재지	SAT 평균 점수	ACT 평균 점수	연간 학비
필립스 아카데미Phillips Academy	메사추세츠주 엔도버	1,460	32	4만 3,300달러
하버드 웨스트 레이크 스쿨 Harvard-Westlake School	캘리포니아주 스튜디오 시티	1,460	33	3만 5,900달러
필립스 엑시터 아카데미 Phillips Exeter Academy	뉴햄프셔주 엑서터	1,430	33	3만 8,740달러
트리니티 스쿨Trinity School	뉴욕주 뉴욕	1,500	34	4만 7,965달러
초트 로즈메리 홀 Choate Rosemary Hall	코네티컷주 윌링퍼드	1,370	33	4만 5,710달러
세인트 마크 스쿨 St. Mark's School of Texas	텍사스주 댈러스	1,470	33	2만 9,496달러
레이크사이드 스쿨Lakeside School	워싱턴주 시애틀	1,440	33	3만 2,000달러
The College Preparatory School	캘리포니아주 오클랜드	1,470	34	4만 3,810달러
세인트 폴 스쿨St. Paul's School	뉴햄프셔주 콩코드	1,400	32	5만 9,900달러
로렌스빌 스쿨 The Lawrenceville School	뉴저지주 로렌스빌	1,430	32	5만 1,440달러

참고로 부모가 학생비자F-1를 받는다면, 자녀도 동반비자F-2로 공립 교육을 받을 수 있습니다. 따라서 과거에 부모가 학생비자를 아이 교육 목적으로 사용하는 경우가 종종 있었습니다. 그러나 9.11 테러 이후 비자 심사가 까다로워졌습니다. 직장을 다니다가 왜 갑자기 공부하려고 하는지, 공부 계획과 충분한 재정은 있는지, 다시 한국으로 돌아갈 것인지를 철저히 살펴본 뒤 승인하고 있습니다. 그리고 동반비자로 가는 자녀는 12학년(고등학교)까지만 다닐 수 있으며,

자녀 본인의 비자 변경F-1 혹은 부모의 영주권 획득을 통해서만 대학 입학이 가능합니다.

주재원 비자L-1의 동반비자L-2로 자녀를 공립학교에 보내는 경우도 있습니다. 주재원 비자는 주로 한국 회사에서 직원을 미국으로 파견 보낼 때 신청합니다. 이는 영주권 받기에 매우 유리한 비자였습니다. 하지만 최근 주재원 비자는 거부율이 29%로 증가(2018년 기준, 거부사례로는 노동자 직책과 역할 불일치, 직책 설명 부족, 서류 부족 등이 대표적)했습니다. 주재원 비자 신청자는 청원 제출 전, 최근 3년 이내 미국 단기출장을 제외하고는 미국 영토 밖에서 최소 1년 동안 근무해야 합니다. 또한 신청자와 고용주 모두 주재원 비자 자격을 갖춰야 하는 등 추가 조건이 늘어나 비자 받기가 더 어려워지고 있습니다[6]. 이처럼 최근 들어 발급 자체가 어려워졌고, 비자를 받았다고 해도 파견회사측은 주재원의 영주권 취득에 협조적이지 않습니다. 협조적이라 해도 트럼프 정부의 반이민정책 때문에 대부분이 서류보완 요청되거나 거절되는 경우도 늘어났습니다[7].

대학 학비 절감

미국 대학 학비는 한국에 비해 매우 비쌉니다. 미국 사립대학을 보낼 경우, 학비＋기숙사비＋식비 등으로 연간 6,000~7,000만 원이 들어갑니다. 한국에 들어오는 비행기 비용까지 더한다면, 한국 대학의 약 4배 이상이 됩니다. 하지만 시민권자, 영주권자라면 미국의 학자금 보조금 정책Financial Aid을 이용할 수 있습니다. 일단, 보조금의 종류를 알기 전에 COA와 EFC를 이해할 필요가 있습니다. COA_{Cost of Attendance}는 대학에서 1년 간 소요되는 평균 비용을 의미합니다.

COA = Tuition + Book & Supplies + Room & Board + Personal Living Expense
등록금   책값+교재비   기숙사비+식비   개인생활비

EFC_{Expected Family Contribution}는 가정 부담 비용입니다. 이는 부모 소득, 재산, 가족 수, 대학 다니는 학생 수, 학생 소득 등을 기반으로 공식에 따라 책정됩니다.

Financial Need 재정보조금 = COA 대학교 평균 비용 − EFC 가정 부담 비용

1년 간 소요되는 대학교 평균 비용에서 가정 부담 비용을 제하면, 재정보조금_{Financial Need}이 됩니다. 예를 들어, COA가 7만 달러, EFC가 1만 2,000달러이면 재정보조금은 5만 8,000달러입니다. 재정보조금 신청은 다음과 같이 하면 됩니다. 일단 대학 정시전형 접수마감에 맞춰 FAFSA신청서(Free Application For Federal Student Aid, 연방 학자금보조신청서)를 연방정부에 제출합니다. 이때 FAFSA 신청자격은 SSN(Social Security Number, 사회보장번호로 우리나라 주민등록번호와 유사)이 있는 시민권자, 영주권자에 한하며 세금 납부 기록이 있어야 합니다.

영주권자 혜택인 보조금의 종류는 다음과 같습니다.

첫 번째로, 연방federal 보조금[8]입니다. 연방 보조금은 ① 무상지원 보조금, ② 근로장학금, ③ 대출 등이 있습니다. ① 무상지원보조금 Grant은 다음과 같습니다.

- 펠 그랜트Pell Grant : 연방정부가 저소득층 학생에게 무상으로 보조해주는 가장 기본적인 보조금

- 연방보조 학업기회 보조금Federal Supplemental Educational Opportunity Grant , FSEOG : 펠 그랜트 수혜자 중, 학비 재정이 특별히 열악한 가정에게 지원

- 학업 경쟁력 보조금Academic Competitiveness Grant, ACG : 펠 그랜트 수혜자 중, 1학년은 교육부가 정한 특정 프로그램[9] 이수했을 때 지원. 2학년은 1학년 성적 우수자일 경우 지원

- 내셔널 스마트 보조금National SMART Grant : 펠 그랜트 수혜자 중, 특정 전공을 등록한 3, 4학년 학생 대상으로 누적 평균학점 3.0 이상일 때 지원

- Teach : 대학졸업 후 저소득층으로 분류된 지역의 공립학교나 사립학교에서 교사가 되려는 학생에게 지원

그다음 ② 근로장학금Federal Work-Study이 있습니다. 이는 시민권자나 영주권자인 학부생, 대학원생을 대상으로 학교 내외부의 일자리를 주는 것입니다. 연방정부가 최저임금을 보장해줍니다.

다음으로 ③ 대출Loan이 있습니다. 이는 미국 연방교육부의 학자

금 대출 제도입니다.

- 보조 및 비보조 대출Subsidized and Unsubsidized Loans : 보조대출은 재정 형편이 어려운 학생에게 주는 융자. 비보조 대출은 가정형편에 상관없이 받을 수 있으나 연방교육부가 그 이자를 대납하지 않음

- 학부모 대출Parent Loan for Undergraduate Students Loan : 학비 총비용에서 다른 학자금 지원액을 차감 후, 대출로 부모, 대학원생, 전문 대학원생 지원

두 번째로, 주state정부 학비 보조금이 있습니다. 주정부 보조금에는 ① 거주자 혜택, ② 주 보조금이 있습니다.

먼저, ① 거주자 혜택In state Resident입니다. 1년 이상 해당 주에 합법거주(세금보고, 운전면허 등)하면, 주립대 학비는 절반이 됩니다. 보조금으로 볼 수는 없겠으나 일반적으로 영주권, 시민권자에게 주는 혜택입니다. 다음은 미국 명문주립대 UC버클리의 2018년도 학비입니다.[10] 확실히 해당 주 내 거주자는 학비가 저렴합니다.

UC버클리 2018년도 거주자/비거주자 학비

구분	수업료	각종 수수료	총액
캘리포니아주 비거주자	3만 9,516달러 (4,544만 원)	2,668달러 (306만 원)	4만 2,184달러(4,850만 원)
캘리포니아주 거주자	1만 1,502달러 (1,322만 원)	2,668달러 (306만 원)	1만 4,170달러(1,628만 원)

다음으로 ② 주 보조금State Grant입니다. 거주하는 주에서 저소득층 학생을 무상으로 보조해주는 보조금입니다. 거주 지역 내 주립대학 또는 사립대학에 입학했을 때 받을 수 있습니다. 이는 주마다 차이가 있습니다. 대표적으로 캘리포니아주는 캘 그랜트Cal Grant가 있습니다. 캘 그랜트는 성적에 따라 매년 최대 1만 2,630달러(약 1,450만 원)를 지원합니다.[11]

세 번째로, 학교 보조금Institutional Grant이 있습니다. 사립대의 경우, 형편이 어려운 유학생에게 재정보조Need Based scholarship를 해주기도 합니다. 미국에는 2,800개의 4년제 대학이 있으며, 유학생에게 재정 지원해주는 학교가 약 770곳입니다(2018년 기준). 하지만 그 혜택은 영주권자나 시민권자가 받을 수 있는 재정보조에 비할 수준이 아닙니다.[12] 또한 유학생이 재정보조를 신청할 때 대부분 대학교에서는 Need Aware(보조금 지급을 입학사정관이 알 수 있음)를 적용합니다. 이는 대학교 합격에 영향을 주는 요인으로 작용할 수 있습니다. 보조금 신청한 유학생을 걸러내는 것입니다. 따라서 학자금 보조를 받기 위해 학교 레벨을 낮추거나 더 우수한 성적을 얻어야 합니다. 하지만 시민권자나 영주권자는 보조금을 신청해도 Need Blind(보조금 지급을 입학사정관이 알 수 없음)가 적용되어 대학 합격에 영향을 받지 않습니다. 참고로 유학생들에게도 Need Blind 정책이 적용되는 대학교는 MIT, 하버드, 프리스턴, 예일, 엠머허트 칼리지 5개 대학입니다(2018년 기준).[13]

이 외에 성적 우수자에게 주는 장학금merit based scholarship도 여러 가지가 있으며 이들 중 일부는 유학생도 받을 수 있습니다. 그러나 성적 장학금마저도 영주권자 이상의 신분을 요구하는 경우가 많습니다.

또한 영주권자는 대학 졸업 후, 미국 의과대학 입시에 유리합니다. 대부분 미국 의과대학은 일반적으로 영주권 이상의 신분을 요구하고 있습니다. 미국 의과대학과정은 학부과정을 마친 후 지원이 가능합니다. 조사에 따르면 의과대학 신입생의 1% 미만이 미국 대학을 나온 유학생 출신입니다. 치대·법대도 시민권자, 영주권자가 유리합니다.

영주권 없으면 취업 어렵다

영주권자는 시민권자와 마찬가지로 취업하고 돈을 벌 수 있습니다. 미국에서는 외국인 유학생 신분이라면 합법적으로 일할 수 없습니다. 유학생이 불법으로 취업하면 미국인 일자리를 빼앗으려 한다고 봅니다. 따라서 비자와 체류신분을 박탈당할 수도 있습니다. 어떻게 보면 우리에게는 교육비 절감보다 더 중요한 것이 졸업 후의 취업일 것입니다. 유학생의 경우, 몇몇 전공을 제외하곤 우수한 성적으로 명문대를 졸업했다 하더라도 영주권이 없다면 취업은 사실상 힘들다고 봐야 합니다.

그렇다면 영주권 없는 유학생의 일반적인 취업 과정을 먼저 알아보고, 어떠한 어려운 점이 있는지를 살펴보겠습니다. 유학생이 미국에서 취업하고자 할 때 보통 다음의 절차를 밟습니다.

① 대학교 입학허가 받고 입학

② 졸업 후, OPT[14]로 기본 1년(STEM[15]은 3년) 회사에서 일할 수 있음

③ 스폰서(신분변경 도와줄 고용주) 회사를 찾아 지원(실패 시 귀국)

④ 4월에 H-1B 비자 신청(이 또한 무작위 추첨으로 30~40% 정도 합격). 추첨에서 떨어질 경우, OPT 기간이 남아있으면 다음 해에 지원 가능하나 그렇지 않다면 귀국

⑤ 붙으면 6년간(3년 + 연장 3년) 미국에서 일할 수 있으며, 통상 이때 영주권 진행함. 만약 영주권 취득에 실패하면 귀국

그럼 OPT 신청부터 알아봅시다. OPT Optional Practice Training는 F-1 비자 유학생 대상의 프로그램입니다. 해당 전공 분야에서 최대 12개월간 미국 내 취업을 허용해줍니다. 단 STEM 전공자는 2년 연장 가능하여 최대 3년까지 합법적인 취업이 가능합니다. 그러나 STEM 전공자 혜택마저도 축소하려는 움직임을 보이고 있습니다. 최근 미국이민국 USCIS에서는 STEM 전공자가 실제 해당 분야에서 일하지 않을 경우, 취업을 1년으로 제한하며 2년 추가 연장도 종종 거부하고 있습니다. 이는 축소 움직임이 일부 시행된 것으로 볼 수 있습니다. 그리고 OTP 승인 후 90일 이상 미취업 상태이면 OPT가 자동 소멸되며, 체류신분이 위험해질 수 있습니다. 그리고 OPT 기간 중 비자가 H-1B로 전환되는 등 합법적 체류 신분을 확보하지 않으면, 기간 만료 후 본국으로 귀국해야 합니다.[16,17]

다음으로 가장 어렵다는 H-1B 비자를 알아보겠습니다. H-1B는

유학생 학사학위 이상의 졸업자 전공과 관련된 일자리가 필요한 전문 직업special occupation일 경우, 단기간(3년+연장 3년) 취업할 수 있도록 허가하는 비자입니다.

H-1B 비자를 받기 어려운 첫 번째 이유는 스폰서 회사 때문입니다. 주로 IT, 일부 금융, 컨설팅, 엔지니어 분야가 아니면 스폰서 구하는 것이 어렵습니다. 다음 표는 H-1B 스폰서를 진행한 기업(2017년 기준) 상위 30위입니다.[18] 표에서 보듯 아마존, 구글, IBM, 마이크로소프트 등 IT 관련 업체 및 인도계열 IT 업체가 대부분입니다. 금융, 컨설팅, 엔지니어링 회사도 있습니다.

H-1B 스폰서 진행한 기업 Top 30

기업	주요 업종	H-1B 최초 승인 건수
카그너전트	IT	3,194
아마존	IT	2,515
TCS	IT	2,312
테크마힌드라	IT	2,233
마이크로소프트	IT	1,479
IBM	IT	1,231
인텔	IT	1,230
인포시스	IT	1,218
구글	IT	1,213

와이프로(Wipro)	IT	1,210
딜로이트	컨설팅, IT	961
엑센츄어	컨설팅, IT	954
HCL America	IT	866
페이스북	IT	720
애플	IT	673
신텔	IT	636
프라이스워터하우스쿠퍼스	회계	616
캡제미니	IT	562
언스트앤영	회계	481
시스코	IT	479
라센앤토브로(Larsen & Toubro)	엔지니어링, 건설	479
오라클	IT	447
퀄컴	IT	382
야후	IT	316
엠파시스	IT	310
UST 글로벌	IT	300
시네크론(Synechron)	IT	282
골드만삭스	금융	267
NTT Data	IT	254
JP 모건 체이스	금융	240

자료: USCIS, NFAP

두 번째 이유는 H-1B 스폰서 기업의 경우, 인도계열 IT 아웃소싱 비율이 크기 때문입니다. IT 업체 직원은 인도출신이 절대 다수를 차지하고 있습니다. 미국이민국에 따르면 H-1B 비자를 가진 사람은 41만 9,637명입니다(2018년 10월 기준). 이 중 인도인이 30만 9,986명으로 약 73.9%입니다. 그다음 중국인이 4만 7,172명으로 집계됩니다. 그리고 캐나다인, 한국인 순입니다. 캐나다인과 한국인이 차지하는 비율은 각각 1.1% 밖에 되지 않습니다. 즉, IT 분야 관련 일을 해야 미국 취업 가능성이 큽니다만, 실제로 인도인과 비교했을 때 한국인이 미국에 남기는 쉽지 않습니다.[19]

세 번째로, H-1B는 무작위 추첨lottery 방식이며, 1년에 8만 5,000개로 쿼터(비자발급 가능 개수)가 제한되어 있기 때문입니다. 지원자 수가 초과되면 무작위로 학사학위 6만 5,000개 쿼터, 석사학위 이상 쿼터 2만 개를 추첨합니다. 최근 미국이민국에서는 메리트베이스merit-based로 추첨을 바꿨습니다. 2019년 이전에는 무작위로 석사학위 청원서 2만 개를 추첨했습니다. 그리고 여기서 탈락한 석사학위 이상 및 일반 학사의 청원서 6만 5,000개를 선발했습니다. 2019년부터는 석사학위 이상 및 일반 학사를 무작위로 6만 5,000개 추첨한 뒤, 여기서 떨어진 석사 이상 청원서를 2만 개 쿼터로 추첨하게 되었습니다. 이 경우, 석사학위 이상의 H-1B 당첨자 수는 과거보다 16% 이상 늘어날 것으로 추정됩니다.[20] 즉, 학사 졸업자는 비자 받기가 더욱 어려워진 것입니다. H-1B 지원은 4월이고, 추첨 이후 증빙 서류를 정밀 심사하여 2~3개월 뒤 승인여부를 발표합니다. 참고로 2019년 기준으로 8만 5,000개 쿼터에 약 20만 개의 청원서가 몰려 5일 만에 접수 마감되었고, 추첨 당첨률은 2.36대 1이었습니다. 그리고 심사과정이 보다 철저해져서 서류보완을 빈번히 요구하며, 당첨 후 최종 비자 거절도 2배 이상 늘어나고 있습니다.

결론적으로 미국 취업을 위해서는 IT전공의 석사 이상 학력일수록 유리합니다. 하지만 이마저도 스폰서 문제, 무작위 추첨방식, 제한된 쿼터, 까다로운 심사 등으로 비자 받기가 쉽지 않습니다. 다른 방법은 H-1B 비자의 제한된 수량을 면제해주는 고용주가 있는 분야로 진출하는 것입니다.[21] 이는 ① 고등교육기관, 고등교육기관과 연결/제휴된 비영리기관, ② 비영리 또는 미국정부 연구단체입니다. 이들은 쿼터 제한을 적용 받지 않습니다. 따라서 스폰서만 구하면 H-1B 비자를 상대적으로 쉽게 얻을 수 있으며, 그 수 또한 많습니다. 단, 일반 영리기업과는 달리 고학력을 요구하는 경우가 많으며, 연봉 등 차이가 있습니다.

참고로 35쪽 표는 H-1B에 지원한 직업 순위입니다(⟨2017 H-1B 비자 리포트⟩). IT관련 직종이 대부분임을 알 수 있습니다. 물론 일부 다른 전공도 있으니 미국 취업을 염두에 두는 사람이라면 본인의 전공을 잘 고려해야 합니다. 다음 표 LCA(Labor Condition Application, 노동조건신청서)[22] 숫자는 갱신, 이직, 비자 수량 면제까지 고려한 숫자입니다.

H-1B에 지원한 직업 순위

순위	직업	LCA 수(개)	평균임금 (달러)	한화로 환산 (원.1$=₩1,150)
1	소프트웨어 개발자, 애플리케이션	12만 4,487	100,341	115,392,150
2	컴퓨터 시스템 컨설턴트	9만 3,602	84,089	96,702,350
3	컴퓨터 프로그래머	6만 6,595	71,956	82,749,400
4	컴퓨터 관련 기타 직종	5만3,431	85,278	98,069,700
5	소프트웨어 개발자, 시스템 소프트웨어	1만 8,400	116,567	134,052,050
6	컴퓨터 시스템 애널리스트	1만 6,902	79,060	90,919,000
7	경영 애널리스트	1만 3,090	96,687	111,190,050
8	회계사 및 감사	1만 1,881	69,328	79,727,200
9	네트워크 & 컴퓨터 시스템 관리자	1만 817	79,672	91,622,800
10	기계공학 엔지니어	9,886	82,405	94,765,750
11	금융 애널리스트	9,629	103,437	118,952,550
12	오퍼레이션 리서치 애널리스트	9,548	95,951	110,343,650
13	데이터베이스 관리자	7,787	83,848	96,425,200
14	시장분석 애널리스트 & 마케팅전문가	7,706	68,538	78,818,700
15	컴퓨터 & 정보 시스템 매니저	6,841	138,947	159,789,050
16	전자공학 엔지니어	6,470	108,754	125,067,100
17	전기공학 엔지니어	6,287	91,544	105,275,600
18	의사	5,853	196,900	226,435,000
19	통계학지	5,196	94,613	100,004,950
20	웹 개발자	5,027	76,726	88,234,900
21	의료 과학자	4,724	72,569	83,454,350

22	산업공학 엔지니어	3,503	85,517	98,344,550
23	생명공학 과학자	3,475	67,370	77,475,500
24	토목공학 엔지니어	3,440	74,744	85,955,600
25	일반 엔지니어	3,418	80,976	93,122,400
26	생화학자 & 생물물리학자	3,256	61,026	70,179,900
27	물리치료사	2,929	74,897	86,131,550
28	마케팅 매니저	2,862	137,554	158,187,100
29	소프트웨어 품질 엔지니어	2,783	73,516	84,543,400
30	영업 엔지니어	2,371	109,958	126,451,700

영주권, 비자가 있다면?

영주권을 취득하면 앞서 말한 문제점이 해결됩니다. 즉, 입학, 학비 수령, 취업에 제한이 없습니다. 그리고 영주권은 5년 후 체류 조건에 따라 시민권으로 전환 가능합니다. 미국의 보호를 받고 사회복지 혜택을 누릴 수 있는 것입니다. 그리고 영주권을 취득하면 만 21세 미만 자녀도 부모와 함께 받을 수 있습니다.

영주권, 합법적 비자가 없는 서류미비자(소위 불법체류자)는 SSN, 운전면허, 은행 거래 등 제약을 받고 취업도 불가합니다. 현재 미국 전체 서류미비자는 1,200만 명이 넘습니다. 이중 한국인은 25만 명 이상으로 파악되고 있습니다. 서류미비자는 단속에 걸리면 추방됩니다. 이런 이유로 많은 이들이 미국 영주권 취득을 희망하고 있습니다.

미국 영주권, 정말 받기 어려울까

가족을 통한 연쇄 이민 영주권은 따로 다루지 않겠습니다. 결혼, 가족 초청 등 이유이기 때문에 취업 이민 수보다 월등히 많지만 그 조건이 제한적입니다. 미국이민국에 따르면, 취업영주권은 연간 14만 개 쿼터(신청자 가족 포함)가 적용됩니다. 취업영주권 종류는 5가지 (EB-1~EB-5)가 있습니다.

취업영주권 5가지 살펴보기

EB-1, EB-2, EB-3, EB-4, EB-5를 보겠습니다.[23,24] EB-1은 특기자를 위한 1순위 영주권입니다. 매년 약 4만 개 영주권이 할당됩니다. 종류는 다음과 같습니다.

① Extraordinary Ability: 과학, 예술, 교육, 체육, 사업 등에서 탁월한 능력을 소지한 자(올림픽 금메달 리스트, 노벨상, 풀리처상, 아카

데미상 수상자 등 분야 최고 위치에 있는 사람)

② Outstanding professors and researchers: 업적이 탁월한 교수나 연구원(해당 분야 교수직·연구직. 최소 3년 이상 경력을 갖고, 학문이 국제적으로 인정받아야 함. 그리고 스폰서에게 정년교수직이나 종신고용에 준하는 연구직을 제의 받아야 함)

③ Multinational manager or executive: 다국적 기업의 간부 혹은 매니저Manager/Executive 등의 고위급 인사(주재원 영주권: 트럼프 행정부 이후로 진행이 까다로워 짐)

특이사항은 다음과 같습니다. ①, ②, ③ 모두 노동허가가 필요 없습니다(EB-1은 ⓐ, ⓑ, ⓒ로 구분하기도 함). ①의 경우 스스로 이민국 청원이 가능하며, ②, ③은 고용주 스폰서가 필요합니다. 최근 ③의 이민신청자가 많아 EB-1에서 적체가 일어나기도 합니다. 물론 ③의 경우, 주재원 비자를 받는 것 이상으로 까다롭습니다.

다음은 EB-2입니다. 고학력자를 대상으로 하는 2순위 취업영주 권입니다. 매년 약 4만 개의 영주권이 할당됩니다. 종류는 다음과 같습니다.

① Advanced Degree: 석사, 박사학위 소지자 또는 학사학위＋전 문직종에서 5년의 점진적인 경력

② Exceptional Ability: 과학, 예술, 비즈니스에서 특출한 능력을 가진 사람

③ NIW(National Interest Waiver, 국익면제): 특출한 능력과 함께 다나
   사르DHANASAR 판례의 3가지 조건을 갖춘 미국 국익에 도움되
   는 자

특이사항은 다음과 같습니다. EB-2 ①, ②의 경우, 고용주 스폰
서가 필요합니다. 고용주가 사전에 정부로부터 노동허가를 받아야
합니다. 단, ③ NIW는 노동허가 및 스폰서가 필요 없습니다.

다음으로 EB-3입니다. 전문직, 숙련직, 비숙련직을 위한 3순위
취업영주권입니다. 매년 4만 개의 영주권이 할당됩니다. 종류는 다
음과 같습니다.

① Skilled Workers: 2년 이상의 경력자. ex 자동차 정비 등
② Professionals: 학사 학위 이상. ex 회계, IT 등
③ Other Workers: 자격 요건 낮음. ex 닭 공장 취직 등

특이사항으로, 3가지 모두 고용주 스폰서가 필요합니다. 또한 고
용주가 사전에 정부에게서 노동허가를 받아줘야 합니다.

그다음으로 EB-4입니다. EB-4는 특수영주권으로, 종교인, 언론
인 등 특수인에게 배정됩니다. 매년 1만 개의 영주권이 할당됩니다.

마지막으로 EB-5가 있습니다. 이는 투자영주권으로 불립니다.
매년 1만 개 영주권이 할당됩니다. 50만 달러 혹은 100만 달러 프로
젝트 투자 후, 2년짜리 임시영주권을 취득할 수 있습니다. 이는 적

격성 심사를 통해 영구영주권으로 전환 가능합니다. 투자영주권은
미국에 일정 금액 투자 후, 2년간 10명 이상 고용창출 효과를 내면
투자자, 가족에게 정식영주권을 주는 제도입니다. 단순한 투자 외에
고용창출 효과를 냈다는 것이 증명되어야 합니다. 그리고 투자금 출
처를 분명히 밝혀야 합니다. 무엇보다 원금을 손실할 수 있다는 단
점이 있으며, 잘못되면 영주권도 같이 없어질 수 있습니다.

지난 25년간 투자 금액이 올라가지 않은 것에 비해, 한국 부동산
가격이 상승하면서 최근 문의가 늘고 있다고 합니다. 그러나 머지않
아 투자 금액이 올라갈 수 있다는 게 이민업계의 중론입니다.[25] 이렇
게 봤을 때, 개인의 능력으로 영주권을 받는 NIW나 EB-1(①)이 가
장 좋은 방법일 수 있습니다. 그러나 자격을 맞추는 데 노력과 시간
이 들어가므로, 투자이민이 미국 이민의 현실적인 방법으로 보일 수
도 있습니다. 2018년 미국 이민 투자금액은 다른 나라와 비교했을
때 상대적으로 저렴한 상태(호주 투자금액 AUD 1,500,000, 캐나다 투자금액
CAD 1,200,000)입니다. 투자이민을 고려하는 독자는 투자 프로젝트의
안정성과 투명성을 집중적으로 보면 되겠습니다. 또한 적격성 심사
이후 정식 영주권 취득 가능성도 꼼꼼히 따져봐야 합니다.

미국에서의 취업 이민 과정은?

J 비자는 영주권 받을 의도가 없다는 전제하에 발급되는 비자이
고, O 비자는 H-1B 비자와 함께 영주권 취득이 가능하다는 전제
하에 발급되나 기준이 까다로워 여기서는 H-1B만 다루겠습니다.

H-1B 비자는 앞서 언급한 것처럼 전문분야 직업에 대한 단기(3년+연장 3년) 취업 비자입니다. 해당 기간 동안 이직도 가능합니다. 단, 해고되면 H-1B를 상실하고, 일정 기간(60일) 내 구직하지 않으면 귀국해야 합니다.[26] 또한 영주권 수속은 이민신청자가 H-1B를 갖고 일하고 있을 때, EB-2는 학사가 5년 이상 미국 내 경력이 있을 때(석사는 바로 가능), EB-3는 학사학위 이상일 때 가능합니다. 이후 영주권 받기까지의 과정은 고용주와 변호사가 진행합니다.

취업영주권은 취업자가 아닌 미국 고용주를 위한 제도입니다. 고용주는 외국인을 채용하기 위해서 연방 노동부의 노동허가를 받아야 합니다. 이는 해당 일자리에 자국민을 구할 수 없어 외국인 직원 채용을 해야만 할 때 승인이 가능합니다. 이러다 보니 노동허가 받기란 매우 어렵습니다.

미국 내 취업 이민 과정을 알아보겠습니다. 크게 3단계입니다.[27,28]

① 1단계: 노동허가 단계
② 2단계: 이민청원 단계
③ 3단계: 신분조정 단계(미국 내 영주권 수속)

먼저, 노동허가 단계입니다. 고용주는 비용을 들여 일정 기간 구인광고(신문광고 등 주에서 인정하는 매체 이용)를 해야 합니다. 그리고 광고를 보고 오는 자국민 지원자에게 인터뷰 기회를 주어야 합니다. 이후 자국민 지원자가 왜 부적격한지를 일일이 노동부에 소명해야 합니다. 그나마 H-1B는 일단 '미국 내에서 필요한 전문직업special occupation'이라는 가정을 하고 있기에 노동허가 받을 가능성이 높긴 합니다. 하지만 H-1B라도 영주권을 모두 취득할 수는 없습니다. 승인 기관은 연방노동부입니다.

두 번째로, 이민청원 단계(I-140)입니다. 어렵게 노동허가가 승인되면, 지원자에게 영주권을 내줄 만큼 고용주의 재정이 튼튼하다는 것을 이민국에 증명해야 합니다. 즉, 이는 고용주의 재정상태를 보는 단계입니다. 회사 재무자료를 이민국 요건에 맞춰 제시하고, 투명하게 알려야 한다는 점도 부담으로 작용할 수 있습니다. 물론 해당 직원을 반드시 채용해야 한다고 생각하는 고용주라면 감안하고 진행합니다. 승인 기관은 미국이민국입니다.

세 번째로, 신분조정 단계(I-485)입니다. 이 단계는 I-140 승인 후, 마지막 영주권 심사로 이어지는 과정입니다. 승인 기관은 미국이민국입니다. 여기에서는 이민법 위반사항(불법체류, 범죄기록) 등을 심사합니다. 1단계, 2단계를 넘어왔더라도 3단계에서 탈락하면 영주권을 받을 수 없습니다.

영주권 수속기간[29] 중 고용주가 이 외국인 직원이 필요 없다고 판단하면, 이민국에서는 영주권 수속을 중단합니다. 이러한 이유로 이민신청자가 고용주 상황에 따라서 회사는 물론이고 미국을 떠나야 하는 경우도 생깁니다. 영주권 스폰서 회사를 구하기도 어렵지만, 영주권을 빌미로 노동력만 착취되는 경우도 빈번하기 때문에 자세히 알아봐야 합니다.

덧붙여 가장 어려운 부분은 영주권 취득까지의 기다림이라고 생각합니다. 기다리는 동안 이민신청자는 고용주 눈치를 살펴야 하며, 사소한 범죄 등에도 연루되지 않도록 신경 써야 하기 때문입니다. 수속이 다 끝나면 많은 이민신청자가 해당 고용주를 떠나거나 더 높은 임금을 요구하는 경우가 생깁니다. 자유의 신분이 되어 아무 회사나 들어갈 수 있기 때문입니다. 고용주 입장에서는 '영주권 스폰서해봤자 도망간다'는 이야기를 할 수도 있습니다. 물론 좋은 고용주도 있습니다. 하지만 미국 이민 시스템은 자국민 노동력 보호를 위해 매우 엄격하게 적용됩니다. 이는 이민신청자와 고용주 모두를 힘들게 하고 있습니다.

한국 내에서 영주권 수속 과정

한국에서의 취업영주권 수속 과정은 다음과 같습니다.

① 1단계: 노동허가 단계
② 2단계: 이민청원 단계
③ 3단계: 이민비자 단계(국립비자센터 이관 후 주한미국대사관 인터뷰)

② 단계인 I-140까지 승인되면 국립비자센터National Visa Center로 서류가 넘어갑니다. 그리고 쿼터 등을 검토한 후, 마지막으로 주한미국대사관 인터뷰까지 마치면, 영주권이 발급됩니다. 하지만 영주권 받을 때까지 기다려주는 고용주를 찾기란 미국 내에서 신분조정

을 통해 영주권을 받는 것보다도 어렵습니다. 뛰어난 능력을 가진 외국인이라서 고용주가 모든 것을 감안하고 진행하는 경우라면 가능성이 있겠습니다만 희귀한 케이스입니다. 과거 닭공장 취직 같은 비숙련 일자리로 영주권을 받는 경우도 있었습니다. 하지만 2016년부터 위법성 조사가 진행되어 아직까지 해결되지 않았고, 비자는 전면 보류되었습니다.

여기에 EB-2의 NIW와 EB-1(①)의 장점이 있습니다. 노동허가와 고용주가 없어도 개인의 역량으로 영주권을 취득할 수 있습니다. 물론 기준이 높지만, 개인의 노력으로 자격을 만들어서 지원이 가능합니다.

실제 취업영주권 취득의 어려움을 살펴보겠습니다. 다음은 2016~2018년도 한국인의 미국 취업영주권 취득자 수입니다.[30]

2016~2018년도 한국인의 미국 취업영주권 취득자 수 (단위: 명)

구분	2016년	2017년	2018년	전년대비
취업 1순위	1,547	1,191	1,340	+149(12.5%)
취업 2순위	5,157	4,909	4,405	-504(-10.3%)
취업 3순위 (소계)	6,153	4,535	3,872	-663(-14.6%)
숙련직	4,064	3,250	2,906	-344(-10.6%)
비숙련직	2,089	1,245	960	-285(-22.9%)
취업 4순위 (특수영주권)	514	499	536	+37(7.4%)
취업 5순위 (투자영주권)	260	195	531	+336(172%)
취업영주권 합계	1만 3,631	1만 1,329	1만 689	-640(-5.6%)

표는 I-485(미국 내 신분조정)와 주한미국대사관(한국에서 지원)을 통한 신청자 및 가족까지 포함된 숫자입니다. 즉, 미국과 한국에서 진행한 취업영주권 내용의 합입니다. 주한미국대사관을 통해 취업영주권을 취득한 숫자는 더 적습니다. 2018년 주한미국대사관을 통해 미국에 들어간 사람 수(신청자+가족포함)는 다음과 같습니다.[31]

2018년 주한미국대사관 통해 취업영주권 취득한 숫자 (단위: 명)

1순위	2순위	3순위(숙련직)	3순위(비숙련직)	3 순위(소계)
281	1,149	363	92	455

표를 보면 취업영주권 획득이 얼마나 어려운 일인지 알 수 있습니다. EB-3는 EB-2보다 신청자 자격 요건이 까다롭지 않습니다. 그러나 노동허가 등을 받아야 하기 때문에 진행이 어려우며, 진행 시간도 깁니다. 이러다 보니 EB-2보다 승인자가 적습니다.

또한 영주권 신청자 가족을 제외한 실제 신청자는 더 적습니다. 그리고 이는 NIW를 포함한 모든 EB-2 취업영주권의 숫자입니다. 과거보다는 NIW 석사, 학사 승인이 많아졌습니다. 하지만 아직도 박사급 인재들이 많이 지원합니다. 따라서 석사, 학사 출신 신청자는 상대적으로 적다고 볼 수 있습니다. 하지만 표에서 보듯, 2순위 취득 수가 높기에 NIW 과정이 보다 현실적이라 할 수 있습니다. 이는 파트 3에서 자세히 설명하겠습니다.

NIW 알아보기

NIW 장점 3가지

NIW(National Interest Waiver, 국익면제)는 전 세계 고학력자, 탁월한 능력을 가진 사람을 미국으로 끌어들여 국가 경쟁력을 높인다는 취지로, 1990년 도입된 제도입니다.

장점으로는 첫째, 스폰서가 필요 없다는 점입니다. 스폰서가 필요 없기에 노동허가 또한 없어도 됩니다. 본인 능력이 미국 국익에 도움될만하다는 것을 증명하면 됩니다.

둘째, 시간이 비교적 짧게 걸립니다. 수속 기간도 짧습니다. 저는 I-140까지 승인되는 데 4개월 정도 걸렸습니다. 보통 I-140 승인은 6~12개월 정도 소요됩니다. 다른 영주권과 비교할 때, 노동허가를 받을 필요가 없으므로 기간이 짧게 걸립니다.

셋째, 비용이 저렴합니다. 투자영주권은 투자금 외 진행 비용이 약 7,000만 원(수수료+프로젝트 관리 비용) 이상입니다. NIW는 국내에서 변호사와 진행할 때, 약 1,000~1,500만 원 정도입니다. 미국에서 변호사와 진행할 때는 1,000만 원 내외입니다. 물론 변호사 없이도 진행 가능합니다만 비용은 중요한 것이 아닙니다. 청원자 사례에 부합하는 실적, 높은 신뢰를 가진 변호사나 이민전문업체를 통해 지원하는 것이 성공확률을 높일 수 있습니다. 이렇듯 승인 가능성이 있다면 현재 미국 이민법상에서 가장 유리한 것이 EB-1(①), NIW입니다.

NIW 지원 자격은 어떻게 될까

지원 가능한 최소한의 자격은 '석사 이상 혹은 학사+해당분야 5년 이상의 경력자'입니다. NIW 변호사나 이민전문업체 홈페이지의 NIW 승인 목록을 보면 학력은 박사, 석사, 학사 순이며, 일반적으로 석사 이상입니다. 전공은 주로 이학, 공학, 의학(약학 포함)입니다.

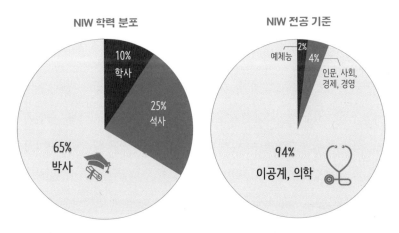

*통계 자료는 이민전문업체와 변호사의 평균값입니다. 각 변호사나 이민전문업체에 따라 차이가 있음을 밝힙니다.

다음은 미국이민국이 말하는 NIW 기본 요건입니다. 이 중에서 3가지 이상을 만족해야 합니다.[32]

- 대학이나 대학에 상당하는 기관에서 청원자의 능력을 보여줄 학위 및 인증서
- 정규직원으로 최소 10년 이상의 경력을 증빙하는 전·현 고용인의 추천서
- 특정 전문 직종·분야의 면허나 인증서
- 특출한 능력을 입증하는 높은 급여나 기타 서비스 제공의 보수를 입증하는 증거
- 전문가로 구성된 단체 회원임을 입증하는 증거
- 업계 정부기관, 전문가, 경제 단체가 인정하는 성과, 산업 발전에 공헌했음을 입증하는 증거
- 자격을 보여줄 만한 기타 증거

과학, 공학, 의학 해당자만 가능하다?

NIW 신청은 주로 이학, 공학, 의학 해당자가 많이 합니다. 하지만 개인 역량이 뛰어나다면 다른 분야여도 지원 가능합니다. 예술, 스포츠 분야 역량이 미국 국익에 도움이 된다고 생각한다면 EB-1(①) 지원이 유리합니다. 대회 수상 경력, 언론의 수상 보도, 심사위원 수행 등은 1순위 영주권으로 승인될 수 있습니다. 단 EB-1(①)은 비범한 능력extra-ordinary을 요구합니다. 따라서 개인 능력이 매우 높

은 수준이어야 합니다. 공학 분야는 세계적인 수준의 박사나 교수들이 지원합니다. 다음은 EB-1(①)의 박사, 석사, 학사 분포도입니다.[33]

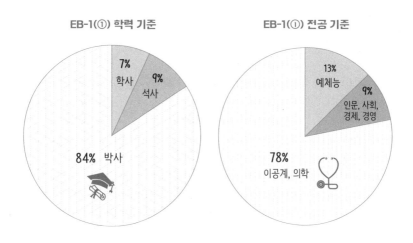

EB-1(①) 학력 기준

7% 학사
9% 석사
84% 박사

EB-1(①) 전공 기준

13% 예체능
9% 인문, 사회, 경제, 경영
78% 이공계, 의학

EB-1(①)의 비범한 능력 자격 요건은 다음 10가지입니다. 이 중에서 3가지 이상 충족되거나 세계적인 상(올림픽 메달, 오스카상, 퓰리처상 등)이 있으면 됩니다. 이를 충족한다면 NIW보다 더 빠르게(프리미엄 수속 이용 시) 영주권 취득이 가능합니다.[34]

- 국내외적으로 인지도가 높지 않지만 청원자의 최우수성을 증명해주는 상
- 해당분야 종사자들의 뛰어난 업적을 필요조건으로 하는 단체의 회원 자격
- 전문적인 혹은 주요한 매체, 출판사, 언론에 공표된 연구실적

- 청원자가 청원자와 같거나 비슷한 분야의 다른 사람의 일을 개인적으로 또는 패널로 심사할 수 있다는 증거
- 청원자의 분야(과학, 학문, 예술, 체육, 비즈니스 등)에서 독창적 기여를 한 증거
- 주요 출판사나 언론을 통한 학문적 기사의 저술 사실
- 예술적 전시회나 쇼케이스에 청원자 작품이 전시된 경우
- 청원자가 유명 단체에서 비중 있는 역할을 맡았던 경우
- 청원자가 같은 분야의 종사자에 비해 상대적으로 높은 보수를 받는다는 증거
- 공연예술에서의 상업적 성공을 보여주는 증거

변호사나 이민전문업체가 요구하는 내용은?

보통 이학(물리학, 화학, 천문학, 생물학, 지질학 등), 공학(전기, 전자, 세라믹, 토목, 산업, 컴퓨터, 환경공학 등), 의학(수의학, 한의학 포함), 약학 분야 관련 청원자에게 다음의 내용을 요구하고 있습니다. 이 조건은 많이 해당될수록 좋으며, 최소 3가지 이상은 구비할 것을 권장합니다.

- 국내 혹은 국제적으로 비교적 덜 알려진 수상경력(노벨상, 아카데미상에 비해 덜 알려져 있으나, 업계 인지도가 있는 상)
- 국내 혹은 국제 협회 중요 회원
- 주요 언론에서 소개된 기사
- 동종의 다른 전문인 논문이나 학술자료를 심사 또는 평가한 경력

- 전문지, 중요 매체에 글 기고
- 동종의 다른 특기자에 비해 상당한 고액 소득
- 논문 발표
- 특허출원
- 관련 저서 출간
- 관련 학술 자료 발표
- 지원받은 연구와 이를 통한 해당 분야 공헌
- 관련 분야 석사학위 이상자
- 관련 분야 학사학위 취득 후 최소 10년 이상 경력 보유자
- 기타 자신이 속한 분야의 뛰어난 공헌을 했다는 증거

다음으로, 예능특기자(문학, 언론, 음악, 미술, 무용, 건축, 사진, 영상, 패션, 디자인, 애니메이션, 의상, 요리)로서 뛰어난 업적을 가진 청원자에게 다음 내용을 요구하고 있습니다. 이 조건은 많이 해당될수록 좋으며, 최소 3가지 이상은 구비할 것을 권장합니다.

- 국내 혹은 국제 대회 수상경력 보유
- 국내 혹은 국제 전시회, 쇼케이스 초청, 작품 출품 경력
- 청원자 작품이 엄청난 판매량을 보인 경우
- 상업적으로 성공한 공연에서 주요 역할을 맡은 경우
- 주요 언론이 예능특기자로서의 업적을 소개한 기사
- 국내 혹은 국제 대회 심사위원으로 참여한 경력

- 주도적으로 진행한 프로젝트
- 특허출원
- 논문 발표
- 우수한 지도자로서 인정받은 경력
- 국내 혹은 국제 관련 협회 중요 회원
- 관련 저서 출간
- 관련 연구 및 발표 자료
- 전문지에 칼럼 게재
- 동종의 다른 특기자에 비해 상당한 고액 소득
- 관련 분야 석사학위 이상
- 관련 분야 학사학위 취득 후 10년 이상의 경력 보유자
- 기타 자신이 속한 분야에 뛰어난 공헌을 했다는 증거

다음으로 체육 및 스포츠 분야에서 뛰어난 업적을 가진 청원자에게 다음 내용을 요구하고 있습니다. 마찬가지로 해당 요건은 많을수록 좋으며, 3개 이상 구비를 추천합니다.

- 국내 혹은 국제 대회 수상경력 보유
- 주요 언론이 체육 특기자로서의 업적을 소개한 기사
- 국내 혹은 국제 대회 심판 자격증 소지 및 심판으로 참여한 경력
- 우수한 지도자로서 인정받은 경력
- 국내 혹은 국제 관련 협회 중요 회원

- 동종의 다른 특기자에 비해 상당한 고액 소득

- 관련 저서 출간

- 관련 분야 석사학위 이상

- 관련 분야 학사학위 취득 후 최소 10년 이상의 경력 보유자

- 기타 자신이 속한 분야에 뛰어난 공헌을 했다는 증거

경영/경제학(경영학, 경제학, 회계학 포함)에서 뛰어난 업적을 가진 청원자에게 다음의 내용을 요구합니다. 해당되는 조건이 많을수록 좋으며, 최소 3개 이상 구비할 것을 추천합니다.

- 논문 발표

- 관련 학술 자료 발표

- 저서 출간

- 전문지 혹은 주요 언론이 본인을 소개한 기사

- 주요 매체에 글 기고

- 국내 혹은 국제적으로 비교적 덜 알려진 수상 경력

- 국내 혹은 국제 협회 중요 회원

- 지원받은 연구와 이를 통한 관련 경영/경제학 분야 공헌

- 동종의 다른 전문인 논문이나 학술자료를 심사 또는 평가한 경력

- 동종의 다른 특기자에 비해 상당한 고액 소득

- 관련 분야 석사학위 이상

- 관련 분야 학사학위 취득 후 최소 10년 이상 경력 보유자

• 기타 자신이 속한 분야의 뛰어난 공헌을 했다는 증거

사실 앞과 같은 내용을 가진 사람만 해도 한국에 수만 명 이상입니다. 그런데 왜 NIW 승인이 쉽지 않다고 할까요? NIW에서 말하는 '국가적인 이익' 3가지를 알아야 합니다.

국가적인 이익이란?

미국 이민법에서는 국가적인 이익National Interest이 명확히 나와 있지 않습니다. 다만 미국이민국은 국익을 다음 항목으로 유연하게 해석하고 있습니다.

• 미국 경제 발전에 도움되는 분야
• 미국인 건강 생활(의료)을 개선시킬 수 있는 분야
• 미국 교육과 직업훈련 프로그램 발전에 도움 줄 수 있는 분야
• 미국 빈곤자·노인·유아들을 위한 주거 환경 개선에 도움되는 분야
• 미국 내 노동자 임금과 작업환경을 개선시킬 수 있는 분야
• 미국 환경과 자원활용에 기여할 수 있는 분야
• 미국 정부 당국의 요청

해석이 워낙 광범위하여 대부분 분야에 적용 가능합니다. 사정이 이렇다 보니 심사관 재량에 따라 승인 결정되는 상황이 많습니다.

심사조건을 살펴보겠습니다. 일단 1998년 NIW 과정을 구체화했던 뉴욕주교통국NYSDOT 판례가 있습니다. 그리고 2016년 NIW를 재정의한 다나사르 판례가 있습니다. 이 둘을 비교하면서 어떻게 접근해야 승인되는지를 보겠습니다.

먼저, 1998년 뉴욕주교통국 판례입니다. 여기서 말하는 NIW 국가적 이익의 3가지 심사조건은 다음과 같습니다.

① Area of Substantial Intrinsic Merit: 청원자 전문 분야가 상당한 고유 가치intrinsic merit를 내포했을 때. 즉, 청원자 직업이나 전문 분야 중요성이 미국 국익에 어떻게 작용할 수 있는지를 객관적으로 입증할 수 있는 경우

② Proposed Benefit of National Scope: 청원자 능력이 미국 특정 지역이 아닌 국가 전체에 이득을 주는 경우

③ National Interest of the United States: NIW의 핵심. 자국 내 미국인 노동력을 보호하는 것보다, 청원자 능력이 미국 국익에 가지고 올 이익이 막대하다고 판단될 때 승인됨. 이때 노동허가는 면제됨

일단 청원자가 자신의 분야에서 다른 전문가보다 특출한 능력, 업적이 있어야 합니다. 또한 청원자 능력이 미국 전체 이익을 창출할 수 있을 정도여야 합니다. 이 정도 자격요건이 될 때, 노동허가 없이 바로 미국이민국 승인단계로 넘어갈 수 있습니다. 따라서

NIW 과정으로 영주권을 취득하려면, 단순히 자격증만 있어서는 쉽지 않습니다. 미국에 기여할 수 있는 프로젝트를 수행했는지, 얼마나 중요한 역할을 했는지와 이를 증빙할 만한 자료, 신문기사, 자격증, 학위 및 논문, 특허, 수상, 멤버십, 추천서 등이 뒷받침되어야 합니다.

다음으로, 다나사르 판례입니다. 2016년 12월 27일 발표된 AAO(administrative Appeals Office, 미 이민국 항소위원회)의 새로운 판례Matter of Dhanasar에 따라 기존 항목을 다음 3가지로 대체했습니다. 요약본은 부록을 참고하면 됩니다.

① The foreign national's proposed endeavor has both substantial merit and national importance: 청원자가 미국에서 종사하려는 전문 분야가 상당한 가치와 국가적인 중요성을 가진 경우

② The foreign national is well positioned to advance the proposed endeavor: 청원자가 미국에서 전문 분야를 발전시킬 수 있는 능력을 보유하고 있을 경우

③ On balance, it would be beneficial to the United States to waive the requirements of a job offer and thus of a labor certification: 종합적으로 봤을 때, 고용 계약과 노동허가 요구 절차를 면제하는 것이 미국에 이익일 경우

청원자의 객관적인 업적, 예를 들어 미국 국익에 도움되는 프로

젝트 수행여부, 얼마나 중요한 역할을 했는지 등은 기존과 유사합니다. 다만 뉴욕주교통국 판례와 차이는, 과거 업적이 우위에 없더라도 '앞으로 미국에서 발전 가능성이 있음을 제시'할 때 승인 가능성이 있습니다. 현재는 이 다나사르 판례에 맞춰 승인합니다.

PART 02

NIW,
이렇게 준비하라

프로젝트를 진행하자

이 파트에서는 NIW 승인에 도움될만한 경력을 살펴보겠습니다. 저의 경험을 토대로 NIW 전문 법인 및 변호사의 컨설팅에 기반한 것입니다. 첫 번째로, 최신 기술과 관련 있는 프로젝트(대형일수록 유리) 그리고 미국 국익에 부합하는 프로젝트를 한 경우 도움이 됩니다. 미국이민국에서는 청원자가 프로젝트에서 얼마나 중요한 역할을 했는지 그리고 이 분야에 전문가인지를 확인합니다.

최신 프로젝트를 하라

저는 최신 에너지 기술을 보유하고 있는 회사를 다녔습니다. 그 기술은 폐기물을 합성가스로 변환하고, 그 변환된 가스로 터빈을 돌려 전기를 생산하는 기술이었습니다. 하지만 당시 회사 경영 악화로 프로젝트가 중단되면서 팀이 분해되었습니다. 프로젝트가 많이 진행되지는 못했으나, 이 분야가 유망할 것이라는 판단하에 국가 연구

소와 같이, 연관 분야인 온실가스 포집 프로젝트를 진행하게 되었습니다. 그러던 중, 국내 최초이자 세계에서 손가락 안에 드는 대형 프로젝트(석탄에서 합성가스로 변환+온실가스 포집) 진행 스카우트 제의를 받았습니다. 이 기회로 해당 분야에서 수 년간 일했고, 결국 10년 이상의 경력을 갖게 되었습니다. 전문가들은 이 프로젝트가 NIW 승인에 큰 기여를 했다고 이야기합니다. 즉, 자원을 효율적으로 활용하는 신기술, 대형 사이즈, 희소한 프로젝트는 미국 내에서도 전문가를 구하기 어렵다는 것입니다. 추가로 미국회사와 같이 진행한 프로젝트, 정부지원을 받은 프로젝트일수록 NIW에 유리합니다.

참고로 미국에서 인력이 시급하게 요구되는 산업군은, 타 산업군보다 NIW 승인이 쉽습니다. 예를 들어, 4차 산업 관련 인력이 부족하여 IT 직군 경력만으로 NIW 승인된 경우가 있습니다(이민전문업체, 변호사 승인 사례 확인). 반도체 회사 임원이(전자공학 석사 출신) 미국 및 중국 글로벌 기업과 스마트폰 통신칩 프로젝트를 수행한 경험으로 NIW 승인받은 사례도 있습니다. 이렇듯 미국에서 현재 필요로 하는 직업이 무엇인지 확인한 뒤, 본인의 활동 영역이 잘 맞는다면 이에 맞춰 지원할 수 있습니다.

일반 엔지니어는 박사 출신 연구원, 교수에 비해 논문 같은 증빙자료가 적습니다. 따라서 학사나 석사 출신은 '회사에서 진행한 프로젝트가 얼마나 미국 국익에 도움을 줄 수 있는지' 증명하는 것이 중요합니다. 그리고 프로젝트 희소성, 규모가 중요 변수로 작용합니다. 예를 들어, 신기술이 적용된 대형 프로젝트입니다. NIW 미국 대사관 인터뷰 중, 제가 받은 주 질문은 '어떤 프로젝트를 수행했는지, 프로젝트에서 어떤 일을 하였는지, 비슷한 내용의 프로젝트가 미국 혹은 전 세계에 몇 개나 있는지' 등이었습니다. 신기술 프로젝트는 직장생활을 하다 보면 우연히 맡을 수 있습니다. 그렇다고 누구나 진행하기는 어려울 수 있습니다. 대부분 기업은 잘 알려진 프로젝트를 진행하기 때문입니다. 이는 안정적인 이익을 창출해서 대내외적으로 중요한 입지를 차지할 수 있게 해줍니다. 반대로 신기술 프로젝트는 회사 입장에서도 모험이기 때문에 쉽게 진행하지 않습니다. 하지만 일반적인 프로젝트(예를 들어, 일반 아파트 건설이나 일반적인 제작물 등)는 NIW승인에 큰 영향을 미칠 수 없습니다.

　프로젝트는 어떻게 설명하면 좋을까요? 가장 쉬운 방법은 언론 보도를 인용하는 것입니다. 주요 언론사(지역단위 언론이 아닌 전국단위 언론) 기사로 프로젝트 내용과 파급력을 입증할 수 있습니다. 논문이나 저널에 실린 내용으로도 가능합니다. 저는 언론 기사와 저널에 언급된 자료를 제출했습니다. 앞서 이야기한 다나사르 판례에 맞아야 하므로 미국 국익에 도움이 된다는 식으로 어필하는 것이 중요합니다. 흔하거나 우리나라에만 도움되는 프로젝트라면, 그 가치가 적거나 없을 수 있습니다. 따라서 지금 하는 일이 당장 가시적인 성과가 나지 않는 힘든 프로젝트일지라도, 이것이 세계시장에서 어떤 의미를 가질 수 있는지 생각해보면 좋겠습니다.

프로젝트에서의 역할은?

프로젝트에서 어떤 역할을 했는지도 중요합니다. 저는 프로젝트 초기에는 공정 흐름을 익혔고, 이후 주요 메인 기기를 다루었습니다. 프로젝트 초기부터 기계적 준공, 일부 시운전 시점까지 진행한 것입니다. 공정과 함께 모든 유체[1]를 다루는 핵심기자재[2]의 전반적인 일(설계, 구매, 현장 설치 지원, 수리 및 시운전)을 했습니다. 전례 없는 프로젝트라 수행하면서 수많은 문제점이 있었습니다. 이를 해결하다 보니 자연스럽게 문제해결 능력을 키울 수 있었습니다. 이 점이 NIW 승인에서 긍정적인 역할을 했습니다.

내가 중요한 일을 했다는 것은 어떻게 증명할 수 있을까요? 해당 분야 전문가 추천서를 제출하면 됩니다. NIW 과정에서 권위자 추천서는 큰 영향력을 갖습니다. 단순히 '이 사람은 성실합니다' 같은 내용은 추천서로서 가치가 없습니다. 청원자 업적 증명은 객관적인 사실에 근거해야 합니다. 즉, 학위, 논문, 수상, 특허, 자격증, 수료증, 멤버십 등 자료를 바탕으로 작성하는 것이 좋습니다. 추천서에 허위 사실 기재 시 법적 제재를 받을 수 있습니다. 이 또한 앞서 언급한 다나사르 판례에 맞춰 작성해야 합니다.

경력의 일관성이 중요하다

저는 국내 도서지역 최초로 가스저장 프로젝트[3](정부발주공사; KOGAS)를 수주한 적이 있습니다. 이 때문에 승진 코스라 하는 사업 관리 쪽으로의 이동 권유도 있었습니다. 하지만 기존 업무의 연장선에 있는 가스분야 엔지니어링 및 구매 업무를 했습니다. 이렇듯 한 분야에서 일관성을 갖는 것이 중요합니다.

어느 기사[4]에서 명퇴 후 미국에서 제2의 인생을 살고 있는 사람을 소개한 적이 있습니다. 조선소에서 생산관리와 매니징 업무를 30년 가까이 한 경력자였고, NIW로 영주권을 받았습니다. 이처럼 일관된 경력의 전문가임을 입증하는 것이 도움이 됩니다.

보통 직장인들은 회사 생활하면서 돈 되는 프로젝트 혹은 편한 일을 하고 싶어 합니다. 회사 내 주류가 될 수 있으며 쉬운 길이기 때문입니다. 그러다 보니 새로운 프로젝트를 기피하며, 기존의 경력을 버리고 관리 및 지원 일을 자원하기도 합니다. 하지만 NIW 과정으로 이민을 생각한다면, 보다 일관성 있게 전문적인 분야에서 일하는 것이 유리합니다.

직장인, 대학원에 가자

대학원 가는 것이 유리하다

다음으로, 주말·야간 대학원이라도 가는 것이 유리합니다. 이민 전문 사이트의 NIW 승인 내역을 보면 보통 학위(박사 이상)를 가진 경우가 많습니다. 영주권 승인 케이스를 보면, 드물지만 학사 출신도 있습니다. 프로젝트, 특허, 자격증으로 승인 받은 사람도 있지만, 아무래도 높은 학위를 가진 청원자가 유리합니다. 따라서 주말이나 야간 대학원을 이용하여 석사 이상의 학력을 갖는 것이 좋습니다. 그 기간 동안 프로젝트나 해당 분야의 논문을 쓰고, 저널에 발표하거나 관련 학회 발표·수상 등 커리어를 쌓으면 됩니다. 회사와 대학원이 연계되어있다면 보다 저렴하게 다닐 수가 있습니다. 이는 입학처에 문의하면 됩니다.

저는 신재생 에너지, 온실가스의 시장성을 알기 위해 주말 대학원(MBA) 과정에 들어갔습니다. MBA를 포함한 몇몇 석사 과정은 졸업 요건에 논문이 포함되어 있지 않습니다. 그래도 논문을 써서 가치를 인정받는 것이 중요합니다. 저도 프로젝트 내용을 졸업논문으로 작성했습니다. 그리고 어느 정도 인정받아 국제학술대회 포스터로 사용되기도 했습니다. 저는 대부분의 돈을 자비로 지불했습니다. NIW에 관심 있는 독자라면, 미래를 위한 투자라 생각하고 과감히 어느 정도의 비용을 생각해야 합니다. 그리고 투자한 만큼 좋은 논문을 작성하기 바랍니다. 단순히 학위만 원한다면 시간, 돈 낭비입니다. 하나를 하더라도 유의미한 것을 남길 수 있도록 진행하기 바랍니다.

논문을 쓰자

대학원 학위를 취득한 후에도, 회사 생활하면서 논문을 쓰기 바랍니다. 논문 한 편을 쓰더라도 가급적 저널에 실릴 수 있는 수준으로 준비하면 좋습니다. 당연히 SCI급 국제적인 저널에 실려 인정받는 것이 좋긴 합니다. 하지만 그렇지 않더라도 본인 분야에 지속적인 발전이 있었다는 점, 결과물을 관련 기관이나 학술 대회에 발표했다는 점 등을 경력 증명으로 사용할 수 있습니다. 당연한 이야기지만, 공학 전공자는 공학 석사나 박사를 거치는 것이 SCI급 논문을 쓰기에 좋고 피인용 수를 올리는 데 유리합니다.

논문과 논문의 피인용 수는 매우 중요합니다. 이는 변호사, 이민 전문업체 홈페이지의 NIW 승인 사례만 봐도 알 수 있습니다. 다른 증빙자료(특허, 수상 등)가 부족하더라도 훌륭한 논문 몇 편이 있다면,

승인될 수 있습니다. 논문은 가능한 한 빨리 내는 것이 좋습니다. 시간이 지남에 따라 피인용 수가 올라가기 때문입니다. 물론 이것도 타인과 비교했을 때 우위에 있어야 합니다. 논문의 질은 게재된 학술지의 가치, 논문 피인용 수로 평가됩니다. 다음은 NIW 과정으로 영주권 승인된 사람들의 논문 수입니다.[5]

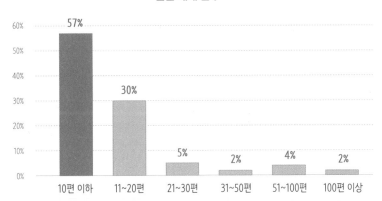

논문 게재 편수

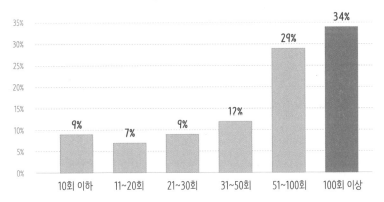

논문 피인용 횟수

평균 논문 수는 10편 내외이며, 피인용 수는 약 73회입니다. 물론 변호사 및 이민전문업체마다 차이는 있습니다. NIW 지원자 대부분이 박사급 인력이라는 현실을 고려할 때, 사실 평범한 직장인이 이 정도 수의 논문을 쓴다는 것은 쉬운 일이 아니긴 합니다. 논문이 부족하다면, 프로젝트, 특허, 수상, 자격증, 멤버십 등으로 전문 분야의 일관성을 어필하면 좋습니다.

특허를 만들자

특허는 상품화될수록 그리고 미국 특허일수록 유리합니다. 단, 자신의 활동 분야와 유관한 것이어야 합니다. 특허도 수가 많을수록 좋습니다. 질적인 면에서는 출원 및 등록 후 제품화할수록 유리합니다. 국내에서만 출원된 것보다 해외 출원(특히 미국) 및 등록까지 이루어진 특허일수록 좋습니다. 저는 특허가 없었습니다만, 분명 이는 NIW 승인에 유리한 사항 중 하나입니다. 따라서 변리사의 도움을 받아 특허부분을 소개합니다.

특허란 무엇일까

어떤 기술을 발명했다고 해서 바로 특허권이 발생하는 것은 아닙니다. 기술을 설명하는 명세서를 작성해서, 특허청에 '특허 출원'을 해야 합니다. 이를 특허청 심사관이 심사하여 각종 요건을 만족했다고 판단하면 '특허 등록'이 됩니다. 이후부터 특허권이 발생합니다.

각 국가의 특허는 서로 독립적입니다. 예를 들어, 한국에서 특허권을 취득했다면, 그것은 한국 내의 특허권이며 미국에서는 행사할 수 없습니다. 미국에서 발명의 권리를 행사하려면 미국 특허권을 취득해야 합니다. 이를 해외출원이라 합니다.

한국의 특허권을 위해 쓰는 비용과 시간이 낭비라고 생각해 바로 미국 특허권 취득 절차부터 밟는 것을 생각할 수도 있을 것입니다. 그러나 먼저 한국 특허를 받는 것이 유리합니다. 그 이유는 다음과 같습니다.

① 발명 내용 파악이 쉽다

각 국가에 특허 출원하기 위해서는 해당 국가의 언어로 이루어진 명세서가 필요합니다. 명세서에는 발명을 설명하는 기술과 법적 용어가 혼재하고 있습니다. 따라서 명세서를 한글도 아닌 영어로 완전히 파악하기는 매우 어렵습니다. 그러므로 한글 명세서를 우선 작성하여 자신의 발명이 잘 기입되었는지 확인해야 합니다.

② 심사 절차에서 유리하다

출원된 발명은 요건을 갖추어야 등록할 수 있습니다. 특허 등록 요건은 기존에 있는 기술과의 차별성(신규성, 진보성 등)입니다. 특허청에서 이러한 요건이 없다고 판단하면, 출원인에게 의견제출 통지서를 발송합니다. 특허 등록을 위해서는 의견제출 통지서에 대응해야 합니다. 당연히 한국 특허청에서 발송한 통지서는 한글로 작성되어 있으므로, 언어의 장벽이 비교적 낮고 대응하기 용이합니다. 따라서 빠르고 유리한 심사 결과를 도출할 수 있습니다.

③ 미국 특허의 심사 기간이 단축된다

한국과 미국 사이에는 특허심사하이웨이PPH, Patent Prosecution Highway라
는 것이 체결되어 있습니다. 이는 한국 특허를 미국에 출원하면, 미
국 특허청에서 한국 심사 결과를 참작하여 빠르게 심사하는 제도입
니다. 일반적으로 미국 특허 출원은 등록까지 2~3년이 걸립니다.
그러나 특허심사하이웨이 절차를 사용하면 기간을 약 1년 가까이
단축시킬 수 있습니다. 뿐만 아니라, 이 절차를 이용한 출원은 등록
률 또한 비교적 높습니다. 한국 특허 출원을 먼저 한 후, 미국 특허
출원을 해야 하는 가장 중요한 이유라고 볼 수 있습니다.

국내 특허 출원의 기간, 비용은?

변리사 상담에서 특허청 출원까지는 1~2개월 정도 걸립니다.
발명 내용을 변리사에게 설명하면, 변리사는 명세서를 작성해서
특허청에 제출합니다. 아울러 한국 출원 비용은 약 200만 원 내외
입니다.

출원 후 의견제출 통지까지는 1년 4개월 정도 소요됩니다. 출원
이 이루어지면 특허청 심사관은 출원 내용이 특허 등록 요건을 갖추
었는지 심사합니다. 첫 심사 결과가 통지되기까지 약 1년 4개월이
소요됩니다. 만약 우선심사를 신청하면 심사 기간을 약 6개월 정도
로 단축할 수 있습니다.

의견제출 통지 후 등록까지는 6개월 내외가 걸립니다. 특허 출원

후 바로 등록되는 경우는 거의 없습니다. 아무리 새로운 아이디어라도 기존 기술을 변형, 발전시킨 것이 대부분이기 때문입니다. 이처럼 기존 기술과 특허 출원의 차이점이 부족하다고 판단되는 경우, 앞서 언급했듯 심사관은 의견제출 통지서를 발송합니다. 여기에 대응하기 위해서는 특허 내용을 보정하는 보정서, 의견을 기재한 의견서를 제출해야 합니다. 보정서, 의견서 등을 제출하면 심사관은 약 4~5개월 동안 다시 심사를 진행합니다. 다시 심사하여 특허 등록 요건이 충족되었다고 판단하면 특허 등록을 진행합니다. 이후 등록료를 납부하면 특허권이 발생합니다. 변리사 수수료 및 등록 관납료로는 약 200만 원이 듭니다. 한편 보정서, 의견서 제출에도 불구하고 여전히 특허 등록 요건이 결여된 것으로 심사되면 거절결정이 됩니다. 거절결정이 된 후에는 재심사 청구 또는 심사 결과에 대한 불복심판 청구 등으로 다시 심사를 받을 수 있습니다.

미국 특허 출원 방법

미국 특허권을 취득하기 위해서는 미국 출원이 필요합니다. 앞서 언급했듯 미국에 바로 특허 출원하기보다 한국에서 먼저 출원하는 것이 유리합니다. 한국 특허 출원 후, 미국 출원하는 방법은 ① 한국 특허 출원일로부터 1년 이내, 미국에 영어로 번역된 영어 명세서를 제출(미국 출원 비용 약 600만 원), ② 한국 특허 출원일로부터 1년 이내에 PCT 국제출원한 후, 한국 특허 출원일로부터 30개월 이내에 미국에 영어로 번역된 영어 명세서를 제출(PCT 출원 비용 약 300만 원, 미국 출원 비용 600만 원) 2가지입니다. 기간을 지키는 것이 중요합니다.

PCT 국제출원이 전 세계에 출원한 것이라고 오해하는 경우가 있는데, PCT 출원 자체는 해외 출원이 아닙니다. PCT 출원을 한 후, 반드시 특정 국가를 지정하여 해당 국가에 실질적인 출원하는 절차가 필요합니다.

PCT 출원의 실질적인 이점은, 다른 국가에 출원하는 기간이 한국 출원일로부터 1년에서 30개월로 늘어나는 것이라 볼 수 있습니다.[6] 따라서 자신의 상황을 고려하여, ①처럼 바로 미국에 특허 출원을 진행할지, ②처럼 PCT 출원 후 미국에 진입할지 결정하는 것이 바람직합니다.

특허권 관련 TIP

특허 출원 전에 미리 관련 선행 기술 등을 살펴보는 것이 좋습니다. 선행 기술을 검색할 수 있는 특허 정보 검색 사이트로서, '키프리스'[7]가 있습니다. 특허권 진행을 위해서는 변리사를 찾아야 합니다. 이때 주의할 점이 있습니다. 가능하다면 해당 분야 전공의 변리사를 선택하는 것이 좋습니다. 예를 들어, 통신기기 기술 분야인데, 변리사가 화학 전공이라면 명세서를 상세하게 작성하기 어렵습니다. 상담할 때는 기존 기술을 대략 설명하고, 청원자 기술이 어느 부분에서 차이점을 갖는지 설명해야 합니다. 차별점을 명확하게 알려주면 변리사가 이해하는 데 도움이 될 수 있습니다. 청원자는 변리사가 작성한 명세서를 꼼꼼히 살펴보는 것이 좋습니다. 특허청에 명세서가 제출되면, 새로운 내용을 추가하는 것이 불가능하기 때문입니다. 따라서 출원 전 명세서에 발명 내용이 충실하게 반영되었는지 살펴봐야 합니다.

각종 지원 사업을 활용하는 것도 좋습니다. 앞서 이야기한 것처럼, 특허 과정에는 많은 비용이 듭니다. 지식재산센터, 발명진흥회[8] 지원 사업 등을 활용하면 됩니다. 예컨대, 서울지식재산센터[9]에서는 최대 500만 원까지 지원해줍니다. 다만 비용 지원 사업은 신청 기간이 제한되어 있기 때문에 항상 체크해야 합니다. 등록된 특허 가치를 평가 받은 후, 이를 바탕으로 영주권을 신청하면 특허의 객관적인 가치가 담보되므로 더 유리하다고 생각합니다. 최근에는 특허 가치 평가 비용을 지원해주는 사업도 있습니다.

회사 소속 연구원은 상품화된 특허 몇 건으로 NIW가 승인되기도 합니다. 특허 관련 NIW 승인 사례는 NIW 변호사, 이민전문업체 홈페이지에서 확인할 수 있습니다. 박사가 아닌 학사, 석사 학력으로는 논문보다 회사 내 특허 발명자로 접근하는 것이 유리할 수 있습니다. 특히 특허 수가 적을 땐 미국 특허나 상용화된 내용을 증명하면 도움이 됩니다. 단, 연구원이 아닌 엔지니어는 특허만으로 NIW 승인받아 미국에 정착할 경우, 자격증(PE 등 미국에서 사용 가능한 라이선스)을 가진 사람에 비해 상대적으로 정착이 어려울 수 있습니다. 미국에서 같은 직종으로 정착하려면 해당 분야 자격증을 취득하는 것이 좋습니다.

수상 경력

차별화를 가질 수 있는 수상은 중요합니다. NIW나 EB-1(①)의 경우, 세계적인 상(노벨상, 퓰리처상, 오스카상)을 받기만 해도 영주권이 승인됩니다. 하지만 이는 드문 경우입니다. 세계적인 수상이 아니라도 국가 단체에서 주는 상이나 최소한 회사 고위직급(사장 이상 직급)에게서 받은 상이 있다면 유리할 수 있습니다. 단, 본인이 하는 일과 코드가 맞아야 합니다. 일반적으로 EB-1, NIW에 유리한 상은 다음과 같습니다.

- 첨단레이저기술혁신상: 응용레이저물리학에 뛰어난 혁신을 가져오는 데 기여한 과학자에게 주는 상
- 호암상: 호암재단이 학술, 예술 및 사회발전과 인류 복지 증진에 공헌한 인물에게 주는 상
- 막사이사이상: 아시아의 노벨상으로 불리는 상. 1957년 항공

기 사고로 사망한 라몬 막사이사이 대통령의 품격과 공적을 추모·기념하기 위해 국제적인 상으로 제정됨. 상금은 미국 록펠러 재단에서 지원
- 국가 과학기술상State science and technology prize : 중국에서 가장 권위 있는 상
- 튜링상: 계산기 학위에서 컴퓨터 과학 분야에 업적을 남긴 사람에게 매년 주는 상으로 컴퓨터 과학의 노벨상으로 불림
- 기타: 럼퍼트상, 레닌상, 코플리 메달Copley Medal , 일본상Japan Prize , 교토상Kyoto Prize 등 국제적으로 인지도 있는 상

언급된 상을 받기란 쉬운 것이 아닙니다. 상의 순위를 매긴다면 국제적인 상 〉미국에서 권위 있는 상 〉국내 단위 상 〉소속 단체 상 순입니다. 단순 모범상은 큰 의미가 없으며, 능력을 객관적으로 입증해야 합니다. 저는 관련 분야의 국가 협회에서 주는 단체장상과 그룹사 고위 임원이 준 상이 있었습니다. 국제급의 권위 있는 상에 비교할 바는 안되지만, 하나의 증거 자료가 될 수 있습니다.

국제적 수상만 가지고 영주권을 취득하려면 앞서 설명한 EB-1(①)이 더 용이합니다. NIW는 보통 9개월 정도 걸리지만, EB-1(①)은 NIW에 없는 급행신청Premium Processing Service 을 이용할 수 있어서, 1개월 만에 승인이 될 수 있습니다. 아시안게임 메달리스트로 현역 시장 체육훈장 수상 및 상비군 코치 등의 능력을 인정받아 영주권이 승인된 케이스가 있습니다. 또한 국제 무술대회에서 1등한

경우, 무술 고단자로 영주권이 승인되었습니다. 미국에서 애니메이션을 공부한 사람인데, 한 편의 작품이 여러 전시회에 초청되었고 이 활동이 매스컴에 소개되면서 역량을 인정받은 경우도 있습니다. 전통춤 댄서로 여러 나라에서의 수상 경력을 인정받아 영주권 승인이 된 경우도 있습니다.

도움되는 자격증

　자격증Lisense 또한 NIW 승인에 도움됩니다. 많은 자격증 중에서도 제가 가지고 있는 'PE 자격증'을 소개하겠습니다. 한국 기술사보다는 미국 기술사인 PEProfessional Engineer를 추천합니다. 미국 자격증은 이민국에서 가치를 더 높게 인정해 줍니다. 물론 한국 기사, 기술사 자격증이 전문 분야를 나타내는 데 도움이 될 수도 있습니다. 그러나 다나사르 판례에서 볼 때, 본인 가치를 미국에서 발현할 수 있어야 한다는 점에서 미국 자격증이 더 도움됩니다.

　그리고 영주권자가 되는 순간, 미국 기술사 자격증에 효력이 생깁니다. 한국 기술사 자격증은 미국에서 영향력이 없습니다. 특정 주(텍사스)를 제외하곤 국가 간 상호 인정[10]체결이 되지 않아 한국 기술사 자격증을 사용할 수 없습니다. 하지만 미국 기술사 자격증은 각 주에서 멀티 등록으로 호환 사용이 가능합니다. 그리고 실제 인디드Indeed나 몬스터Monster 같은 미국 구직 사이트에 가보면 많은 회사들이 PE 자격증을 요구합니다. 경우에 따라서는 앞으로 PE 자격증 취득 가능성이 있는 사람을 채용하는 경우도 많습니다. 또한 PE는 책임 서명 및 날인 권한이 있어서 엔지니어 업계에서 활용가치가 높습니다.

엔지니어는 박사학위보다 PE를 갖고 있는 것이 취업(컨설팅 회사 개업도 가능)에 유리합니다. NIW로 영주권을 취득한 박사 지인이 1~2년간 취업하지 못하고 있다는 이야기를 들었습니다. 이렇듯 NIW로 미국에 들어갔다고 해도 취업이 100%되는 것은 아닙니다. 영주권자여도 한국 학위와 경력은 미국에서 인정하지 않는 분위기라 취업이 어렵습니다. '필요 이상 높은 수준의 고학력'(over-quality, 아이러니하게도 NIW는 고학력자가 대부분)이어서 채용되지 못하는 경우도 있습니다. PE의 경우, 책임 서명 및 날인 권한이 있어 취업에 적지 않은 도움이 된다는 것이 중론입니다.

또한 한국 기술사 시험과 비교했을 때, 시험 자체 난이도가 높지 않습니다. 오픈북 형식이라 합격률이 높은 편입니다. 단점이 있다면, 비싼 시험 비용입니다. 미국 기술사는 한국 내에서 한국기술사회를 통해 시험 볼 수 있습니다. 시험 응시료는 NCEES(The National Council of Examiners for Engineering and Surveying, 미국 공학 및 측량시험위원회) 수수료와 한국기술사회KPEA 수수료로 구성됩니다. 등록까지 약 200~300만 원 정도입니다. 또한 시험보다 등록 절차가 어렵습니다. 추가로 PE 자격증은 자신의 경력과 일치해야 합니다. 물론 자격증이 미국 취업에 절대적인 요소는 아닙니다. 그럼에도 PE 자격증을 이야기하는 것은 한국 내에선 미국의 경력과 학력을 만들 수 없기 때문입니다. PE 자격증은 한국에서 취득 가능하며, 지원자 경력을 미국에 증명할 수 있는 몇 안 되는 자격증입니다. 당연한 것이지만 일정 이상의 영어실력은 기본 사항입니다.

그럼 더 자세하게 FE, PE를 알아보겠습니다. 일단 자격 정보부터 소개합니다.[11]

FE 시험 알아보기

먼저 FEFundamental Engineer 시험을 알아보겠습니다. 자격 사항은 한국에 거주하며, 4년제 이공학계 대학 졸업자 또는 졸업예정자(4학년)입니다. 그리고 취득학위의 영문 명칭은 Bachelor of Engineering/Bachelor of Science in Engineering 혹은 대한민국의 공학석사/공학박사 학위 소지자입니다.

연중 수시 접수하며, 시험일시(분기별로 1회, 연간 3회까지 응시 가능)도 응시생이 자율 선택합니다. 110문제에 총 5시간 20분간 진행되며, 10분은 튜토리얼 숙지 및 동의서 작성으로 이루어져 있습니다. 55문제(50%)를 푼 후에는 리뷰 후 제출하게 되어 있습니다. 제출한 문제는 더 이상 접근이 불가하며, 휴식을 취할지 선택하게 됩니다. 보통 25분 휴식을 한 뒤, 다시 나머지 55문제 시험을 보게 됩니다. 장소는 한국 피어슨 센터(각 국가별로 볼 수 있는 곳은 NCEES 홈페이지에 방문하여 체크 가능)입니다.

시험을 쉽게 설명하자면 컴퓨터 화면 왼쪽에 공식 및 설명서

reference handbook를 띄워 놓고 오른쪽에서 문제를 푸는 방식입니다. 자세한 사항은 http://ncees.org/practiceexams의 CBT DEMO와 alternative item types을 방문하면 됩니다.

시험과목은 'FE other Displines'로 보길 권합니다. 다른 전공에 비해 출제되는 문제들이 평이합니다. 저는 기계공학을 전공하였으나, Other Displines으로 시험을 봤습니다. 이유는 문제가 고등학교, 대학교 기본 수준의 문제들로 구성되어 있기 때문입니다. 또한 현재 가장 선호되는 과목이기에 국내학원과 온라인 과정을 통해 수강할 수 있습니다. FE는 Other Displines로 보고 PE는 본인의 전공으로 보시면 됩니다.

그럼 FE Other Displines 과목을 알려 드립니다. 82~83쪽 과목은 NCEES에서 발췌했으며, 정확한 내용은 해당 사이트에 가면 나와 있습니다.

FE 중요 팁은 다음과 같습니다. 생각보다 시간이 넉넉하지 않기에 최대한 푸는 시간을 줄여야 합니다. 가장 좋은 방법은 계산기 활용을 잘 하는 것입니다. 선형대수학Linear Algebra에서는 행렬Matrix operation 대부분을 계산기로 풀 수 있습니다. 그리고 벡터Vector, 확률 및 통계도 계산기를 사용하면 됩니다.

마이클 린드버그Michael R. Lindeburg의 《FE Review Manual》이 바이블입니다. 이 책을 추천합니다. 몇몇 학원은 자체 책으로 수업합니다. 모든 문제는 영어입니다. FE 시험은 SI단위(m, kg, sec, mol, A, Cd)가 기본입니다. US단위도 가끔 나옵니다. 화면 왼쪽에서 공식을 찾

NCEES
advancing licensure for
engineers and surveyors

Fundamentals of Engineering (FE)
OTHER DISCIPLINES CBT Exam Specifications
Effective Beginning with the January 2014 Examinations

- The FE exam is a computer-based test (CBT). It is closed book with an electronic reference.
- Examinees have 6 hours to complete the exam, which contains 110 questions. The 6-hour time also includes a tutorial and an optional scheduled break.
- The FE exam uses both the International System of Units (SI) and the US Customary System (USCS).

Knowledge	Number of Questions
1. Mathematics and Advanced Engineering Mathematics	12–18

    A. Analytic geometry and trigonometry
    B. Calculus
    C. Differential equations (e.g., homogeneous, nonhomogeneous, Laplace transforms)
    D. Numerical methods (e.g., algebraic equations, roots of equations, approximations, precision limits)
    E. Linear algebra (e.g., matrix operations)

2. Probability and Statistics   6–9

    A. Measures of central tendencies and dispersions (e.g., mean, mode, variance, standard deviation)
    B. Probability distributions (e.g., discrete, continuous, normal, binomial)
    C. Estimation (e.g., point, confidence intervals)
    D. Expected value (weighted average) in decision making
    E. Sample distributions and sizes
    F. Goodness of fit (e.g., correlation coefficient, least squares)

3. Chemistry   7–11

    A. Periodic table (e.g., nomenclature, metals and nonmetals, atomic structure of matter)
    B. Oxidation and reduction
    C. Acids and bases
    D. Equations (e.g., stoichiometry, equilibrium)
    E. Gas laws (e.g., Boyle's and Charles' Laws, molar volume)

4. Instrumentation and Data Acquisition   4–6

    A. Sensors (e.g., temperature, pressure, motion, pH, chemical constituents)
    B. Data acquisition (e.g., logging, sampling rate, sampling range, filtering, amplification, signal interface)
    C. Data processing (e.g., flow charts, loops, branches)

5. Ethics and Professional Practice   3–5

    A. Codes of ethics
    B. NCEES *Model Law* and *Model Rules*
    C. Public protection issues (e.g., licensing boards)

1

6. **Safety, Health, and Environment**   4–6
    A. Industrial hygiene (e.g., carcinogens, toxicology, SDS, lower
       exposure limits)
    B. Basic safety equipment (e.g., pressure relief valves, emergency
       shut-offs, fire prevention and control, personal protective equipment)
    C. Gas detection and monitoring (e.g., O_2, CO, CO_2, CH_4, H_2S, Radon)
    D. Electrical safety

7. **Engineering Economics**   7–11
    A. Time value of money (e.g., present worth, annual worth, future worth,
       rate of return)
    B. Cost (e.g., incremental, average, sunk, estimating)
    C. Economic analyses (e.g., breakeven, benefit-cost, optimal economic life)
    D. Uncertainty (e.g., expected value and risk)
    E. Project selection (e.g., comparison of unequal life projects,
       lease/buy/make, depreciation, discounted cash flow)

8. **Statics**   8–12
    A. Resultants of force systems and vector analysis
    B. Concurrent force systems
    C. Force couple systems
    D. Equilibrium of rigid bodies
    E. Frames and trusses
    F. Area properties (e.g., centroids, moments of inertia, radius of gyration)
    G. Static friction

9. **Dynamics**   7–11
    A. Kinematics
    B. Linear motion (e.g., force, mass, acceleration)
    C. Angular motion (e.g., torque, inertia, acceleration)
    D. Mass moment of inertia
    E. Impulse and momentum (linear and angular)
    F. Work, energy, and power
    G. Dynamic friction
    H. Vibrations

10. **Strength of Materials**   8–12
    A. Stress types (e.g., normal, shear, bending, torsion)
    B. Combined stresses
    C. Stress and strain caused by axial loads, bending loads, torsion, or shear
    D. Shear and moment diagrams
    E. Analysis of beams, trusses, frames, and columns
    F. Deflection and deformations (e.g., axial, bending, torsion)
    G. Elastic and plastic deformation
    H. Failure theory and analysis (e.g., static/dynamic, creep, fatigue,
       fracture, buckling)

아 오른쪽에 답을 찾는 방식으로, 해당 공식을 얼마나 빨리 찾는지가 중요합니다. FE는 난이도가 어렵지 않아 개인의 역량에 따라 별도의 공식 없이도 풀 수 있습니다. 직장인의 경우, 따로 공부할 시간이 많지 않습니다. 사람마다 다르겠지만 대학교 졸업한지 오래되었다면 3개월 이상은 공부해야 합니다. 그리고 준비 시간이 많이 드는 과목[12]은 과감히 포기하기 바랍니다. 전공 외적인 것을 붙들고 있으면 시간이 많이 소비될 수 있습니다. 시험 결과는 7~10일 후에 나옵니다. NCEES 홈페이지에서 합격 여부를 확인할 수 있습니다. 통과했을 때는 합격$_{pass}$만 확인되며, 불합격일 때에는 점수도 공개됩니다.

FE 합격 화면

NCEES

Examinee   Latest Photo
Name
NCEES ID

Exam   Verifiable Link
FE Other Disciplines
Date:
Result: Pass
Board: KPEA

Sharing your exam result
Copy and paste the unique verifiable link shown above to allow others to verify this exam result in a secure environment.
Licensure requirements in the United States
Licensure for the engineering and surveying professions is regulated by each individual U.S. state and territory. All candidates for licensure must meet specific requirements in education, experience, and exams. Passing an NCEES exam is only part of the licensure process.

Examinees interested in pursuing licensure are encouraged to check the requirements of the state or territory where they plan to practice, as the requirements vary.

PE 자격증 따기

다음으로 PE(Principles and Practice of Engineering)입니다. 능력이 검증된 기술자에게 감리, 시공, 설계 등 다양한 실무수행과 책임 서명(날인) 특권을 부여하는 미국의 고급 기술면허입니다. 자격 요건은 한국에 거주하는 (국적이 한국일 필요는 없음) 4년제 공학계 학위취득자입니다. 여기서 학위란 엔지니어링 학사·석사·박사를 의미합니다. FE 시험에 합격했거나 미국 내 EI(Engineer Intern) 또는 EIT(Engineer-in-Training) 보유자면 자격이 됩니다. PE는 국제무대에서 통용되는 미국엔지니어 자격입니다. 미국은 물론이고 한국[13]에서도 응시 가능합니다. 국내 기술사시험보다도 높은 합격률을 자랑합니다(평균합격률: FE 70%, PE 50~60%). 시험에 합격 후, 해당 주에 등록하면 미국에서 활동이 가능합니다.

PE 응시절차

PE 시험 중요 팁입니다. 저는 기계공학전공자로 'PE Mechanical' 시험을 봤습니다. 바이블 교재는 마이클 린드버그의 《Mechanical Engineering Reference Manual for the PE Exam》입니다. 다른 전공자라면 PE 전문학원에 문의하면 되겠습니다. 《Mechanical Engineering Reference Manual for the PE Exam》교재는 수준이 높은 편입니다.

모의고사는 이보다 난이도가 쉬우며, 시험 난이도는 모의고사 수준입니다. 그리고 모두 US 단위입니다. 따라서 단위변환에 익숙해야 합니다.

시험 준비는 FE 합격 후 6~12개월 정도면 충분할 듯합니다. 저는 학원에 다녔고, 비교적 단기간에 합격했습니다. 어느 정도 지식이 있는 사람이라면 혼자 공부해도 무리가 없습니다. 일단 어느 부분에 어떤 내용(열역학, 동력학, 유체역학 등)이 있는지 숙지하고, 문제가 나왔을 때 어떤 공식을 쓰면 되는지 위주로 문제를 풀어보면 됩니다. 무엇보다도 모의고사 문제를 2번 이상 풀어봐야 합니다. 한국 기술사시험과 다르게 계산기를 이용하기 때문에 계산기 solve(식과 답을 넣어 해당 변수를 찾는 기능) 기능에 익숙해져야 합니다.

페이퍼시험은 오픈북 형식입니다. 하지만 전공서적 양이 엄청 많습니다. FE 시험 볼 때 사용했던 책도 챙겨야 합니다. 이때 책꽂이를 가져가 책을 정리해도 좋습니다. 책꽂이에서 해당 책을 바로 찾을 수 있기 때문입니다. 참고로, PE 시험 형식은 페이퍼시험에서 컴퓨터시험으로 점차 변경되고 있습니다.

시험 1~2주 전, 미국 NCEES에서 수험표를 송부합니다. 영문으로 되어 있어서 스팸메일로 분류될 수 있으니 확인해야 합니다. 신분증은 여권만 허용됩니다. 주민등록증, 운전면허증은 불가합니다. 응시원서도 꼭 가져가야 합니다. 입실 시간에 늦으면 입장이 불가능합니다. 제가 시험 봤을 때는 시간이 되자 아예 입구를 테이프로 막았습니다.

저는 배운 것을 잊지 않기 위해 퇴근 후, 회사에서 지원자 대상으로 FE·PE 강의를 하였습니다. 강의로 더욱 완벽한 지식을 만들기 위해서 입니다. 또한 실무에 부딪혔을 때, 정확한 판단과 즉각적인 대처가 요구되기 때문에 시험을 넘어서는 수준으로 공부하는 것이 좋습니다. 자격증 취득을 넘어 자신의 지식으로 만들고, 강의로 네트워크를 만들기 바랍니다.

시험 합격 결과는 2개월 후 이메일로 통보됩니다.

PE 합격 화면

NCEES

Examinee

Name

NCEES ID

Latest Photo

Exam

PE Mechanical Thermal and Fluids Systems
Date:
Result: Pass
Board: KPEA

Verifiable Link

Sharing your exam result

Copy and paste the unique verifiable link shown above to allow others to verify this exam result in a secure environment.

Licensure requirements in the United States

Licensure for the engineering and surveying professions is regulated by each individual U.S. state and territory. All candidates for licensure must meet specific requirements in education, experience, and exams. Passing an NCEES exam is only part of the licensure process.

Examinees interested in pursuing licensure are encouraged to check the requirements of the state or territory where they plan to practice, as the requirements vary.

학력인증하기

면허 등록 전에 NCEES에서 학력인증을 해야 합니다. 학력인증이란 한국 커리큘럼이 미국 커리큘럼과 상호 인정이 되는지를 판단하는 과정입니다. 2007년 이후부터는 학력인증이 쉬워졌습니다. 당시 많은 국내 대학들이 ABET(미국 공학 인증 제도) 인증과 호환되는 ABEEK(한국공학교육인증)[14] 인증을 받았기 때문입니다. 학력인증은 시험 전후에 할 수 있으며, 저는 시험 후 했습니다.

학력인증을 위해서는 성적증명신청서(Transcription request form, NCEES에서 다운로드 가능), 졸업증명서, 성적증명서, 교과목소개서(Course Description, 본인이 수료한 교과목을 영문으로 설명) 등이 필요합니다. 모든 서류에는 신청자 출신 학교 도장을 받아야 하며, 겉봉투 봉인 후에도 봉인도장Seal Stamp을 받아야 합니다. 이후 학교 담당자에게 서류를 NCEES로 보내달라 이야기하면 됩니다. 학력인증 비용은 추후 지불합니다. 교과목소개서는 출신 학교에서 제공하는 것이 있습니다. 만약 본인이 졸업한 학교만의 양식이 따로 없다면, 공식적으로 인증되었다는 다른 증거가 필요합니다. 예를 들어, 교과목소개[15]를 작성하고 학과 사무실 담당자의 직인을 받는 방법이 있습니다.

참고로, 각 주마다 PE 면허 등록 기준이 다릅니다. 일반적으로 학력 및 경력을 합쳐 최소 8~12년 정도 요구합니다. 이때 학력은 ABET의 공학교육 인증 프로그램 학위를 취득한 경우, 4년이 인정됩니다. ABET로 인증된 공학교육을 이수하지 않은 (미국 외)공대 졸업자는 NCEES 학력인증을 받아야 합니다. 이 결과에 따라 제출할

성적증명서 신청 양식

NCEES
Transcript Request Form

Note to Applicant
Please send this form to the registrar or controller of your institution. Please note that there may be fees involved for this service at some institutions.

NCEES ID:	14-235-68
Name:	Last (Family): Jang First (Given): Miryoung Middle: —
Date of birth:	03/007/1983
E-mail:	mryung7828@naver.com
Institution:	Korea University
Attended:	03/2004 — 02/2004+)
Degree:	Other Technical

Institutional Certification

Note to the institution, please provide the following documents to NCEES:

- **Transcripts:** Submit transcripts, mark sheets, or official academic records listing all courses and credits/hours of instruction for lectures and labs; including failures, grades or marks, credits, degree/program completed and graduation date.
- **Diploma:** Provide a degree verification letter stating the official degree/professional title awarded and the date.
- **Course Descriptions:** Any type of materials that contains the description of each course (i.e. course catalogs, course descriptions or syllabi) from the time of study.

* Documents must arrive by mail

Name of institution: 학교 이름

Previous name(s) of institution:

Telephone Number: 학교 연락처

I certify that the documentation presented represents the applicant's original academic record and has been prepared, issued, and signed by the appropriate institutional authorities.

Name of institutional official (print) 기입	Signature
Official Title	E-mail Address	Date Issued

Send by mail to:	**Send by UPS, FedEx, etc. to:**	(Institutional Seal)
NCEES Credentials Evaluations	NCEES Credentials Evaluations	학교 Seal 끝
Attn: NCEES ID 16-235-68	Attn: NCEES ID 16-235-68	
PO Box 1686	280 Seneca Creek Road	
Clemson, SC 29633	Seneca, SC 29678	

교과목소개 예시

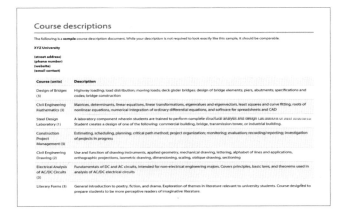

Course descriptions

The following is a **sample** course description document. While your description is not required to look exactly like this sample, it should be comparable.

XYZ University

(street address)
(phone number)
(website)
(email contact)

Course (units)	Description
Design of Bridges (3)	Highway loading; load distribution; moving loads; deck girder bridges; design of bridge elements; piers, abutments; specifications and codes; bridge construction
Civil Engineering Mathematics (3)	Matrices, determinants, linear equations, linear transformations, eigenvalues and eigenvectors, least squares and curve fitting, roots of nonlinear equations, numerical integration of ordinary differential equations, and software for spreadsheets and CAD
Steel Design Laboratory (1)	A laboratory component wherein students are trained to perform complete structural analysis and design calculations of steel structures. Student creates a design of one of the following: commercial building, bridge, transmission tower, or industrial building.
Construction Project Management (2)	Estimating, scheduling, planning; critical path method; project organization; monitoring; evaluation; recording/reporting; investigation of projects in progress
Civil Engineering Drawing (2)	Use and function of drawing instruments, applied geometry, mechanical drawing, lettering, alphabet of lines and applications, orthographic projections, isometric drawing, dimensioning, scaling, oblique drawing, sectioning
Electrical Analysis of AC/DC Circuits (3)	Fundamentals of DC and AC circuits, intended for non-electrical engineering majors. Covers principles, basic laws, and theorems used in analysis of AC/DC electrical circuits
Literary Forms (3)	General introduction to poetry, fiction, and drama. Exploration of themes in literature relevant to university students. Course designed to prepare students to be more perceptive readers of imaginative literature.

경력의 기간이 변경됩니다.[16] 즉 8년을 기준으로 봤을 때, 학력 4년
＋경력 4년, 학력 2년＋경력 6년 등으로 말입니다. 이는 각 주의 면
허심사 위원회에서 판단하게 됩니다.

학력인증에서 보통 수학 및 기초 과학 32학점을 요구합니다. 인
문학은 16학점, 전공은 48학점을 요구합니다. 저는 재학 당시, 모든
전공을 다 들었음에도 전공 점수가 부족한 것으로 나왔습니다. 전공
필수인 기계제도가 전공이 아닌 교양과목으로 처리됐기 때문입니
다. 이를 밝혔음에도 제가 등록하려는 주에 직접 문의해보라는 의견
만 들었습니다. 다행히 켄터키주 기술사협회board에 수강한 모든 과
목을 설명하고 인정받아 등록할 수 있었습니다. 이렇듯 납득하기 어
려운 상황이 되어도 침착하게 해당 주에 문의하면 됩니다.

미국에서는 추천서가 중요하다

PE 시험은 어렵지 않지만, 주에 등록하는 과정이 까다롭습니다.
프로젝트를 같이 한 PE, 즉 추천인이 있어야 하기 때문입니다. 오리
건주에서는 추천인 5명을 요구하고 있으며, 그중 3명은 PE(4년간 청
원자와 같이 근무하여 일을 보증하는 PE 포함)가 있어야 합니다. 켄터키주에
서는 지원자 경력을 입증할 만한 추천인 5명, PE 3명(전공불문)도 요
구합니다.

미국은 네트워크 사회입니다. 즉, 관계를 중시합니다. PE 등록뿐
아니라 미국에서 취직할 때 추천서Reference는 중요한 부분입니다. 미
국 이민 생각이 있다면, 미국에서 도움을 받을 수 있는 주변 사람과

좋은 관계를 유지하는 것이 좋습니다. 얼굴 몇 번 봤다고 '추천서를 써주세요'하면 도와줄 사람이 있을까요? 일단 서로 비즈니스 관계에 있어야 하며, 본인도 추천인에게 향후 어떤 도움을 줄 수 있을지를 어필하면 좋습니다.[17] 추천서는 추천인 평판에도 영향을 미치기 때문에 객관적으로 작성됩니다. 그러므로 자신의 커리어와 관련된 좋은 네트워크를 잘 유지하면 좋습니다.

모든 것이 마무리되면 다음의 라이선스가 나옵니다.

켄터키주 PE 라이선스

그리고 취득 후 2년간 총 30PDH_{Professional Development Hour}를 달성해야 PE 자격증을 유지할 수 있습니다. 학점이수, 세미나참석, 강의, 개인 공부 등으로 PDH를 채울 수 있습니다.

실제 PE 자격증 및 경력을 갖고 NIW에 승인된 사례가 있습니다. 석사 학력으로 늦은 나이(60대)에 PE를 취득하여 미국 영주권을 받은 사람도 있습니다. 하지만 변호사들은 다른 비교우위 증거 없이

PE 자격증만으로는 NIW 승인이 어렵다고 이야기합니다. 그리고 PE 자격증이 취업에 도움을 줄 수는 있지만, 절대적인 힘이 있는 것은 아닙니다. 자격증보다 미국 내 경력·학력이 우선시 됩니다.

PMP

PMP[18] 자격증(Project Management Professional, 국제공인 프로젝트관리 전문가)은 IT, 건설, 엔지니어링, 제조, R&D, 국방 및 비즈니스 등 여러 분야에 사용이 가능합니다. 저는 PE와 함께 PMP도 있었습니다. PE가 책임 서명 및 날인 권한이 있는 반면, PMP는 그렇지는 않습니다. PMP도 능력 증명에 유리한 인증서Certification라 생각해 짧게 언급합니다. 미국에서는 PMP를 생각보다 많이 요구합니다.

Indeed 사이트에서 모기업이 PMP를 요구하는 장면

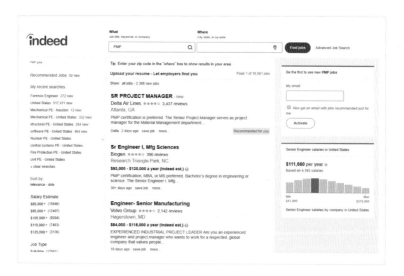

응시자격을 알아보겠습니다. 먼저, 학사학위 이상은 프로젝트 관리 경력 기간이 36개월 이상, 4,500시간 이상이어야 합니다. 전문대 졸업 및 고졸 이하는 프로젝트 관리 경력 기간이 60개월 이상, 7,500시간 이상이어야 합니다. 공통 필수요건으로는 35시간 이상의 PM 교육을 이수해야 합니다.

시험 절차는 다음과 같습니다.

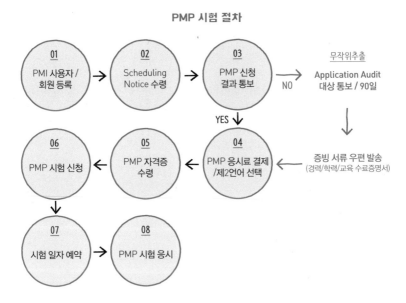

PMP 시험 절차

자격 심사 시, 감사 대상으로 선별되면 증빙 서류(경력/학력/교육 수료증명서)를 발송해야 합니다. 만약 감사에서 떨어지면 시험 응시가 불가하며 100달러를 제외한 응시료가 환불됩니다. 자격 심사는 1~3주가 소요되며, CBT 형식의 시험을 봅니다. 합격 기준은 전문가들이 매회 시험 결과를 평가한 후, 평균 점수로 환산하여 정합니다. 그리고 평균 점수보다 높아야 합격합니다.

PMP 자격 취득 후 역량 개발을 위해 3년마다 재인증해야 합니다. 참고로 미국 내에서 PMP를 효과적으로 사용하기 위해서는 영어를 잘해야 합니다. 말 그대로 '프로젝트 매니지먼트(경영·관리)'이기에 커뮤니케이션 스킬이 뛰어나야 합니다. 저는 PE와 PMP 외에 추가적으로 미국에서 사용이 가능한 자격증(인증서) 몇 개가 더 있습니다만, 큰 비중을 차지하지 않아 언급하진 않겠습니다.

수료증 제출

엔지니어라면 회사에서 여러 교육을 보내주는 경우가 많습니다. 본인 분야에 도움되는 과정이라 생각하면 참석하기 바랍니다. 교육 수료 후에는 가급적 영문 수료증을 받아 놓으면 좋습니다. 수료증은 수상이나 라이선스에 비해 큰 도움은 되지 않습니다. 하지만 업무에 맞는다면 제출해도 좋습니다. 가급적 국제적으로 알만한 내용의 교육이 좋습니다.

기업과 학교가 연계하여 무상으로 하는 교육도 많으니 찾아보기 바랍니다. 본인의 전공, 업무와 관련된 수료증을 준비하기 바랍니다. 저는 지난 10년간 온라인, 오프라인 교육을 통해 전공·비전공 수료증을 많이 받았습니다. 그중 제 활동분야와 가장 유관한 것 몇 개를 뽑아서 제출했습니다. 가급적 많이 내는 것이 좋을 수는 있으나 어디까지나 본인 활동분야와 관련된 내용의 수료증을 제출하기 바랍니다.

멤버십과 출판

멤버십의 가치

멤버십은 '해당 단체에 아무나 들어갈 수 없어야' 가치가 있습니다. 즉, 어느 정도 권위가 있는 단체여야 합니다. 그 단체에서도 어느 이상의 지위를 갖거나 비교 우위에 있는 사람(심사위원이나 간부 등)이 된다면 더욱 좋습니다. 예를 들어, 한국기술사회 평가위원, 한국의사협회 임원, 주요 저널 및 학회 심사자, 자문 위원 등입니다. 물론 앞서 살펴본 요건과 이러한 멤버십이 있을 때 NIW 승인 가능성이 커집니다.

한 사례로, 컴퓨터 공학 관련 국내 학회 회장 역임, 국제 특허, 국내외 저널에 10편의 논문 게재로 NIW 영주권을 받은 경우가 있습니다.

저서 및 출판

전문 서적 발간 및 높은 판매가 있을 때, NIW에 도움될 수 있습니다. 사례로 한국에서 경영학 석사 학위를 취득하고 광고대행사를 운영하고 있는 사람이 있습니다. 5권의 국내 저서와 30여 건의 국내·국제 광고 캠페인 성공 등으로 영주권을 받았습니다.

PART 03

NIW
어떻게 진행될까?

NIW, 똑똑하게 진행하기

혼자 진행할 수 있을까

NIW 진행 시, 보통 변호사 비용은 국내 약 1,000~1,500만 원, 미국에서는 1,000만 원 내외입니다. NIW는 변호사나 이민전문업체 도움 없이 혼자서도 진행이 가능합니다. 온라인에도 NIW DIY KIT(Do It Yourself Kit, 전문가 도움 없이 직접 할 수 있는 도구)가 있습니다. 가격은 약 100달러입니다. 영어가 어느 정도 되는 청원자라면 DIY KIT, NIW 승인 사례, 관련 정보를 수집하여 직접 신청할 수 있습니다. 최근 변호사나 이민전문업체 도움 없이도 성공하는 사람이 늘어나고 있습니다. 하지만 대부분 영어 문서 작성 및 진행을 도와줄 경험이 풍부한 변호사, 이민전문업체와 진행합니다.

가격은 미국 현지 변호사보다 한국의 변호사, 이민전문업체가 다소 비싼 편입니다. 하지만 거리, 시차 등 유리한 점이 있습니다. 변호사, 업체 선정은 이민 준비 카페에서 최근 동향 및 업계 평판을 보고 종합적으로 판단해야 합니다. 무엇보다 청원자와 비슷한 사례를 다뤄본 믿을 만한 변호사, 업체와 진행하는 것이 좋습니다. 모든 전문가가 어렵다고 하는데, '무조건 될 것이다'라고 말하는 업체가 있다면 경계해야 합니다. 자칫 돈과 시간만 버릴 수 있습니다. 논문, 특허, 수상 등에서 객관적 우위에 있음을 증명해야만 NIW 승인이 될 수 있습니다.

참고로, 제 주위에는 국내 명문 의대 우수 졸업, 한국 최대 규모의 병원 전문의 수료, 우수 전공의 2회 수상, SCI 논문 1개 그리고 피인용 다수, 미국의사시험USMLE 2차 합격이라는 스펙을 가진 사람이 있습니다. 하지만 대부분 변호사와 업체에서 NIW 승인 가능성이 낮다는 이야기를 들었습니다. NIW는 미국 국익에 도움이 되는 인재를 뽑기 위한 과정으로 국내 기준이 아닌 미국 기준으로 평가됩니다. 따라서 나 혼자 평가하기보다는 경험 많은 변호사나 이민전문업체에게 평가받는 것이 좋습니다.

필요 서류는 무엇일까

서류준비 기간은 약 1~3개월입니다. 단 필요 서류가 충족되지 않는다면 무기한 연장됩니다. 필요 서류는 다음과 같습니다.

- 신청자 및 가족 여권 사본
- 가족관계증명서, 기본증명서, 혼인관계증명서(원본)
- 졸업증명서, 성적증명서(한글 및 영문 원본)

- 논문 및 초록(영문)

- 본인 이름이 게재된 학술지

- 각종 특허

- 자격증

- 수상 이력

- 상세 영문 이력서

- 재직, 경력증명서(영문)

- 수료증

- 발간된 저서

- 본인이 수행한 프로젝트에 대한 기사(신문, 인터넷 등 전국 단위 선호)

- 협회 위원 증명서

- 해당 전문가 추천서(변호사나 이민전문업체에 확인)

- 그 외 본인 능력의 뛰어남을 보여줄 수 있는 자료

그리고 상세 업적기술서Summary of Work에 본인이 어떤 일을 수행했는지, 어떤 역할을 했는지 씁니다.

- 논문(제목, 발표지, 연도, 저자이름, 인용 횟수)

- 프로젝트(프로젝트명, 역할, 프로젝트 내용, 수행기간, 프로젝트가 국가 혹은 사회에 미치는 영향)

- 프레젠테이션(내용, 발표 일시, 주관 기관명)

- 정부지원받은 연구(지원받은 기관, 연구제목, 지원금액, 해당연구가 국가

및 산업에 미친 영향)

- 정부기관이나 산업체 연계 활동 내역(연계 단체명, 직무, 활동 내역 및 기간)
- 저술활동(제목, 출판사, 연도, 발표된 곳, 판매량)
- 학술 발표 자료(제목, 연도, 발표된 곳)
- 특허(특허명, 특허번호, 등록일, 해당 특허가 학문 또는 산업에 미친 영향)
- 면허 및 자격증(면허, 자격 증명, 발급일시)
- 작품 참여 활동(전시 작품명, 전시 장소, 일시, 작품 관람 수, 작품 해설 및 가치)
- 수상 내역(상의 이름, 수상 내용, 수여단체, 수여일)
- 멤버십 활동(활동 단체명, 회원 등급, 활동 내역, 활동기간)
- 심사 자문 집행위원 활동(시간, 활동 내용, 다른 전문인을 평가했거나 자문 집행위원으로 활동한 것)
- 언론 보도(활동한 내용 중 언론에 나온 내용)
- 이외 제출할만한 업적

　　최근 이민국·영사 인터뷰에서는 청원자가 미국에서 어떤 활동을 할지 집중적으로 보고 있습니다. NIW로 자녀 교육 혜택만 받게 하는 경우가 종종 있기 때문입니다. 예를 들어, 대학병원에서 나와 개인병원을 오픈한 의사 케이스가 있습니다. 영주권을 승인받은 후, 의사 본인은 미국에 가지 않고 자녀만 보내는 경우가 늘어나자 이민국 승인이 까다로워진 것입니다. 특히 주한미국대사관 영사 인터뷰에서 AP(Administrative Processing, 추가행정절차)를 많이 보내고 있습니다. 따라서 청원자가 미국에서 일할 가능성을 보여주는 자료로 미국 자격증 등이 도움될 수 있습니다.

한글 서류는 영문으로 작성된 내용과 일치해야 합니다. 저는 상세 영문이력서cv를 매년 업데이트하고 있습니다. 독자들도 이번 기회에 영문이력서를 작성해보기 바랍니다. 영문이력서를 직접 써봐야 하는 이유는 내 활동 분야의 전문 용어는 내가 가장 잘 알기 때문입니다. 변호사나 이민전문업체가 도와주는 것은 한계가 있기에 본인의 이력을 직접 영문으로 작성해보길 바랍니다. 영문이력서 양식은 인터넷에 있습니다. 영어에 자신이 없거나 매끄러운 이력서를 원한다면 유료 교정을 받으면 됩니다. 영문이력서는 약 5∼10장 정도가 적당합니다.

수료증, 자격증도 영문으로 받는 것이 좋습니다. 상황이 어렵다면 변호사에게 자격증을 설명하도록 합니다. 미국 자격증은 별도의 설명이 필요 없습니다만, 한국 자격증은 다릅니다. 한국 자격증이 영문으로 나오지 않는 경우, 별도로 본인의 역량을 설명해야 합니다(영어로). A4용지 한 장 정도로 쓰면 됩니다. 어떤 단체인지 홈페이지도 써놓는 것이 좋습니다. 논문은 표지, 저자명, 초록(영문)만 할지 모든 내용을 다 작성할지는 전문가와 상담 바랍니다.

프로젝트, 논문, 특허 등을 설명할 때는 일반인이 봐도 이해 가는 수준으로 작성해야 합니다. 이민국 심사관이 모든 부분에서 전문가가 아니기 때문에 사실에 기반한 정보전달이 필요합니다. 큰 줄기의

메인 전문용어를 쓰되, 아주 지엽적인 내용은 지양합니다.

추후 은행잔고 증명(영문 발급), 부동산 등기부 등본, 각종 보험잔고 증명서Cash Value, 전세계약서 및 상가임대계약서, 재산 증빙 서류를 내야 합니다. NIW 진행 후 당장 직장이 마련된 상태로 미국에 가는 것이 아니기에 정착 자금이 충분한지를 보는 것입니다. 이는 자격심사와 무관합니다.

추천서 받기

해당 분야 전문가의 추천서가 필요합니다. 추천서는 NIW 과정에서 핵심입니다. 먼저 청원자를 평가할 수 있는 위치의 독립적 추천인Independent에게 받는 추천서가 있습니다. 그리고 회사 동료, 상사, 지도교수 같은 지인 추천인dependant에게 받는 추천서가 있습니다. 추천서는 객관성이 부여되는 독립적 추천인(특히, 미국에서 활동하는 전문가)이 써주는 게 가장 좋습니다. 저는 같이 근무했던 미국인 PE를 알고 있었습니다. 그러나 뜬금없이 추천서를 부탁하기 어려워서 같은 프로젝트를 진행한 전문가로 추천인을 구성했습니다. 이는 독립적 추천인을 구하지 못했을 때 방법입니다.

최근에는 심사가 까다로워졌기 때문에 정석대로 독립적 추천인을 구하는 것이 좋습니다. 만약 미국 회사에서 일한 경험이 있다면 해당 전문가에게 추천서를 요청하면 좋습니다. 혹은 링크드인Linkedin[1]으로 미국에서 근무하는 동문에게 도움을 요청할 수 있습니다. 대학교, 대학원 교수 네트워크로 미국 내 권위자나 전문가의 추천서를 받는 것도 좋습니다. 만약 논문이 있다면, 이를 피인용한 사람에게 부탁하는 방법도 있습니다. 단, 미국 내 활동하는 독립적 추천인의 경우, 추천서 받은 경위가 타당해야 합니다.

청원자 직장 동료나 지도교수 같은 지인이 추천서를 써준다면, 객관성에 대해 더욱 엄정한 심사를 받게 됩니다. 마땅한 독립 추천인이 없을 경우에는, 지인 추천서로 준비하되 독립적 추천인 수준의 객관적 기술이 중요합니다. 많은 청원자가 비교적 쉬운 지인 추천서를 받습니다. 하지만 가급적이면 독립 추천인과 지인 추천인 혼합하여 추천서를 받는 것이 좋습니다. 사실 어느 추천인(추천서도 마찬가지)이 좋은지는 변호사 사이에서도 논란이 많습니다. 추천서는 매우 중요하므로 변호사에게 문의하여 진행하는 것이 바람직합니다.

추천서 작성은 변호사가 쓴 샘플이나 가이드를 참고할 수 있으나, 내용은 추천인이 써줘야 합니다. 단순히 '성실하다, 근면하다' 등 뻔한 내용은 가치가 없으며, 청원자의 경력 및 업적이 미국 국익에 부합한다는 내용이 필요합니다. 추천서는 인터뷰에서 반드시 물어보는 사항입니다. 변호사나 이민전문업체가 추천인을 구해 줄 수 없습니다. 따라서 스스로 구해야 합니다. 추천인 후보가 결정이 되면, 진행하고 있는 변호사에게 추천인 이력을 공유하여 선정하면 됩니다.

그리고 추천서에 의도적인 허위진술이 있을 경우, 미국 불법 입국의 조력자가 되어 추천인도 문제될 수 있습니다. 미국대사관이 진위 확인을 위해 추천인에게 직접 수차례 전화하기도 합니다. 즉, 허위 추천서는 청원자와 추천인 모두에게 최악의 결과를 낳을 수 있습니다.

일반적으로 추천서와 앞서 언급한 서류를 준비하는 데 약 1~3개월 정도 걸립니다. 하지만 마땅한 추천인을 구할 수 없을 경우 더 오래 걸리거나 진행을 못할 수도 있습니다. 따라서 본인의 네트워크를 잘 살려야 하며, 반드시 NIW 진행 전에 마땅한 추천인이 있는지 살펴봐야 합니다.

경우에 따라 추천인 없이 진행하는 경우도 있습니다. 이런 경우는 증빙서류, 즉 추천인 없이도 청원자의 능력을 보여줄 수 있는 매우 강력한 증거가 있을 때입니다. 그러나 보통 추천서 없이 증빙만으로 승인 받기란 어렵습니다.

서류 작성 시 유의사항

이민국 심사에서 청원자 이력/추천서 관련하여 추가서류를 요청하는 RFE(Request for Evidence, 일종의 보완서류) 단계가 있을 수 있습니다. 하지만 최근 심사가 강화되어, 서류가 빈약할 경우 RFE 단계 없이 아예 바로 기각될 수도 있습니다. 따라서 서류는 철저히 준비해야 합니다.

서류 작성 전, 저는 과거 직장 영문명과 여권 영문명의 오타를 발견했습니다. 변호사나 이민전문업체에서 내용을 검토해주긴 하지만, 스스로 잘못된 부분이 있는지 확인해야 합니다. 이민국에서는 사소한 오타도 문제 삼는 경우가 많습니다. 따라서 이민국에 들어가는 이름, 직책, 영문명(띄어쓰기 포함)은 꼭 확인하도록 합니다.

수속 과정 알아보기

서류가 준비되었으면 본격적으로 NIW 수속을 알아봅시다. 본 내용은 변호사, 이민전문업체와 진행한 경우입니다.

이민국 인지대 발급 및 접수

인지대는 두 이민국(텍사스, 네브래스카)에서만 접수 가능합니다. 보통은 한 곳에만 접수합니다. 접수 비용은 2019년 기준 접수 1회당 700달러입니다. 인지대는 보통 KEB 하나은행 또는 주거래 은행에 가서 700달러 머니오더Money order를 발급 받은 후 다른 접수 서류와 함께 미국국토안보부[2] 산하의 이민국으로 송부합니다.

이후 접수가 되었다는 내용의 I-797C 서류가 도착합니다. I-797C 접수 번호receipt number를 이용하면 이민국 홈페이지(https://egov.uscis.gov/casestatus/)에서 진행상황 조회가 가능합니다.

Department of Homeland Security
U.S. Citizenship and Immigration Services

Form I-797C, Notice of Action

THIS NOTICE DOES NOT GRANT ANY IMMIGRATION STATUS OR BENEFIT.

NOTICE TYPE	NOTICE DATE
Receipt	
CASE TYPE	**USCIS ALIEN NUMBER**
I-140, Immigrant Petition for Alien Worker	
RECEIPT NUMBER	**RECEIVED DATE**	**PAGE**
		1 of 1
PRIORITY DATE	**PREFERENCE CLASSIFICATION**	**DATE OF BIRTH**
	203 B2 NATL INTEREST WAIVER	

PAYMENT INFORMATION:

Application/Petition Fee:	$700.00
Biometrics Fee:	$0.00
Total Amount Received:	$700.00
Total Balance Due:	$0.00

APPLICANT/PETITIONER NAME AND MAILING ADDRESS

The I-140, Immigrant Petition for Alien Worker has been received by our office for the following beneficiaries and is in process:

Name   Date of Birth   Country of Birth   Class (If Applicable)

USCIS Office Address: **USCIS Customer Service Number:**

If this is an interview or biometrics appointment notice, please see the back of this notice for important information.   Form I-797C 07/11/14 Y

---

❶케이스 타입 ❷접수번호 ❸접수일 ❹USCIS 주소

이민국 홈페이지 화면

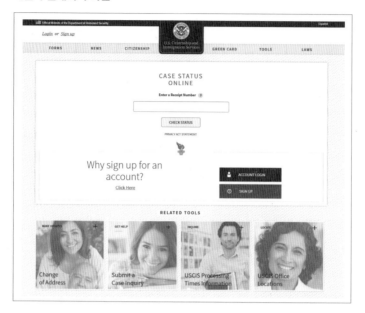

여기까지 하면 1차 진행이 끝난 것입니다. 이제 이민국 승인이 날지 RFE를 받게 될지 기다리면 됩니다. 앞서 이야기했듯, 최근 RFE가 많이 발생하고 있습니다. 이는 변호사와 상담하여 대응해야 합니다.

이민국 승인

RFE를 받지 않았다면 이민국 승인(I-140 승인)이 된 것입니다. 저는 약 4개월 만에 승인이 났습니다. 보통 청원자의 약 70%는 6~12개월 내 승인을 받습니다. 승인되면 청원자의 내용이 비자 진행단계 Visa Processing로 넘어 갔다는 확인이 가능합니다.

이민국 승인서

THE UNITED STATES OF AMERICA

I-797 | NOTICE OF ACTION | DEPARTMENT OF HOMELAND SECURITY
U.S. CITIZENSHIP AND IMMIGRATION SERVICES

Receipt Number		Case Type
▓▓▓ ▓▓▓▓▓▓		I140 - IMMIGRANT PETITION FOR ALIEN WORKER
Received Date	**Priority Date**	**Petitioner**
▓▓/▓▓/▓▓▓▓	▓▓/▓▓/▓▓▓▓	▓▓▓▓, ▓▓▓▓ ▓▓▓▓
Notice Date	**Page**	**Beneficiary**
▓▓/▓▓/▓▓▓▓	1 of 1	▓▓▓▓, ▓▓▓▓ ▓▓▓▓

▓▓▓▓ ▓▓▓▓▓▓▓
c/o ▓▓▓▓ ▓▓▓ ▓▓▓▓ ▓▓ ▓▓▓
▓▓▓▓ ▓▓ ▓▓▓ ▓▓▓ ▓▓▓ ▓▓▓▓
▓▓▓▓▓ ▓▓ ▓▓▓▓

Notice Type: Approval Notice
Section: Indiv w/Adv Deg or Exceptional
Ability in the National Interest
Consulate: NVC

The above petition has been approved. Notices sent it to the Department of State National Visa Center (NVC), 31 Rochester Avenue, Portsmouth, NH 03801. The NVC processes all approved immigrant visa petitions that need consular action. It also determines which consulate post is the appropriate consulate to complete visa processing. The NVC will then forward the approved petition to that consulate.

This completes all USCIS action on this petition. You should allow a minimum of 30 days for Department of State processing before contacting the NVC. If you have not received any correspondence from the NVC within 30 days, you may contact the NVC by e-mail at NVCINQUIRY@state.gov. You will need to enter the USCIS receipt number from this approval notice in the subject line. In order to receive information about your petition, you will need to include the Petitioner's name and date of birth, and the Applicant's name and date of birth, in the body of the e-mail.

The NVC will contact the person for whom you are petitioning concerning further immigrant visa processing steps.

The approval of this visa petition does not in itself grant any immigration status and does not guarantee that the alien beneficiary will subsequently be found to be eligible for a visa, for admission to the United States, or for an extension, change, or adjustment of status.

THIS FORM IS NOT A VISA AND MAY NOT BE USED IN PLACE OF A VISA.

The Small Business Regulatory Enforcement and Fairness Act established the Office of the National Ombudsman (ONO) at the Small Business Administration. The ONO assists small businesses with issues related to federal regulations. If you are a small business with a comment or complaint about regulatory enforcement, you may contact the ONO at www.sba.gov/ombudsman or phone 202-205-2417 or fax 202-481-5719.

NOTICE: Although this application or petition has been approved, USCIS and the U.S. Department of Homeland Security reserve the right to verify this information before and/or after making a decision on your case so we can ensure that you have complied with applicable laws, rules, regulations, and other legal authorities. We may review public information and records, contact others by mail, the internet or phone, conduct site inspections of businesses and residences, or use other methods of verification. We will use the information obtained to determine whether you are eligible for the benefit you seek. If we find any derogatory information, we will follow the law in determining whether to provide you (and the legal representative listed on your Form G-28, if you submitted one) an opportunity to address that information before we make a formal decision on your case or start proceedings.

Please see the additional information on the back. You will be notified separately about any other cases you filed.

NVC 수속

NVC 수속 과정을 살펴봅시다. 먼저 이민 비자 인지대 지불[3]입니다. 이때부터는 미국 국무부 산하의 NVC(National Visa Center, 미국 국립 비자 센터)로 케이스가 넘어갑니다. 이후 이민 비자 인지대 지불 관련 메일이 도착합니다.

2018년 기준, NVC 인지대는 1인당 345달러입니다. 가족이 4명 이라면, 345×4＝1,380달러입니다. 이 금액은 자기앞수표money order 로 직접 보낼 수 있으며, 변호사나 이민전문업체를 통한 납부도 가 능합니다. 단, 본 내용은 국무부로 이관되기 때문에 국무부Department of State를 수취인으로 해야 합니다. 지불 기한은 1년입니다. 만약 미국 시민권자(또는 영주권자)인 자녀가 있다면, 지불 대상에서 제외됩니다.

JUNG-YONG-NAM
[illegible address line]
[illegible] INCHEON
[illegible]
SOUTH KOREA
[illegible barcode] .txt

July 11, 2018

Dear JUNG-YONG-NAM,

[blurred paragraph of text, partially illegible]

> **Step 2:** Pay fees
> **Step 3:** Submit visa application form
> **Step 4:** Collect financial documents
> **Step 5:** Collect supporting documents
> **Step 6:** Submit documents to NVC

Included with this letter is the Immigrant Visa Fee invoice(s). For instructions on paying this fee, go to **nvc.state.gov/fee** for English or **nvc.state.gov/tarifa/espanol** for Spanish. If you are unable to submit payment online, please contact NVC to arrange for an alternate payment method. If you did not receive an Immigrant Visa Fee Invoice for any applicant who should be on this case, do not submit a fee payment for the applicant. Instead, contact NVC and we will help you. You can find our contact information at **nvc.state.gov/ask** for English or **nvc.state.gov/ask/espanol** for Spanish.

Important Notes:
- If the applicant is living in the United States and intends to adjust status with U.S. Citizenship and Immigration Services (USCIS) rather than pursuing an immigrant visa, please contact NVC before taking further action or making any payments.

- Depending on the visa category, applicants who reach age 21 *after* a petition is approved by USCIS may become ineligible for an immigrant visa. However, there is a federal law called the Child Status Protection Act (CSPA) that allows some people to apply for a visa as a child even after they turn 21. If applicable in this case, NVC will conduct a preliminary assessment of eligibility for this CSPA benefit.

After you complete the steps above, we will review the forms and documents you submit to us. If something is missing or incorrect, we will tell you how to fix it. Otherwise, we will schedule this case for a visa interview at the U.S. Embassy or Consulate in SEOUL, SOUTH KOREA.

Sincerely,

United States Department of State
National Visa Center
31 Rochester Avenue, Suite 200
Portsmouth, NH 03801-2915   Website: **nvc.state.gov**

NVC 발행 문서에서 청원자 영문명 스펠링을 확인하는 것이 좋습니다. 만약 여권의 영문 이름과 다르다면 NVC에 알려 정정이 가능합니다.

인지대 지불이 완료되면 NVC에서 증빙서류의 커버시트 양식을 송부합니다. 이 회신이 도착하면 DS-260⁴(온라인 이민비자신청서)를 작성하고 증빙서류를 제출합니다. 이 서류 역시 1년 안에 제출하면 됩니다.

인지대 접수에 대한 NVC 회신 및 커버시트

We received the Immigrant Visa fee you paid for case number ████████. Please visit our website http://nvc.state.gov for English or http://nvc.state.gov/espanol for Spanish and complete steps three through six:

> Step 3: Submit visa application form
> Step 4: Collect financial documents
> Step 5: Collect supporting documents
> Step 6: Submit documents to the NVC

We included a *Document Cover Sheet* with this letter. When you submit your financial and supporting documents to us, please place the cover sheet on top of them.

After you complete the steps above, we will review the forms and documents you submit to us. If something is missing or incorrect, we will tell you how to fix it. Otherwise, we will schedule your case for a visa interview at the U.S. Embassy or Consulate in SEOUL, SOUTH KOREA.

Sincerely,

United States Department of State
National Visa Center
31 Rochester Avenue, Suite 200
Portsmouth, NH 03801-2915
Website: http://nvc.state.gov

Document Cover Sheet

This cover sheet is for case ▉▉▉▉▉▉▉▉▉ When you send your documents to us, place them in the order shown below, and put this cover sheet on top. Mark the checkbox [X] under **Enclosed** if you are sending the document. Mark the checkbox [X] under **Unavailable** if you cannot obtain the document, and include a formal statement explaining why it is unavailable. Mark the checkbox [X] under **Not Applicable** if the document is not applicable or not needed for your case.

Order	Document	Enclosed	Unavailable	Not Applicable
1.	Document Cover Sheet	[ ]		
2.	Photocopies of Supporting Documents:			
	Valid, unexpired passport	[ ]	[ ]	[ ]
	Birth Certificate with translation	[ ]	[ ]	[ ]
	Adoption Documentation	[ ]	[ ]	[ ]
	Marriage Certificate with translation	[ ]	[ ]	[ ]
	Marriage Termination with translation	[ ]	[ ]	[ ]
	Court Records with translation	[ ]	[ ]	[ ]
	Military Records with translation	[ ]	[ ]	[ ]
	Police Certificate(s) with translation	[ ]	[ ]	[ ]
3.	Signed Affidavit of Support(s)	[ ]	[ ]	[ ]
	Proof of U.S. Status	[ ]	[ ]	[ ]
	Proof of Domicile	[ ]	[ ]	[ ]
	Petitioner's Civil Documents	[ ]	[ ]	[ ]
	Proof of relationship (only for I-864A)	[ ]	[ ]	[ ]
	Evidence of Income	[ ]	[ ]	[ ]
	Form(s) W-2	[ ]	[ ]	[ ]
	IRS Tax Transcript	[ ]	[ ]	[ ]
	Federal Income Tax Returns	[ ]	[ ]	[ ]
	Social Security Earnings Statement	[ ]	[ ]	[ ]
	Proof of Assets	[ ]	[ ]	[ ]
4.	Other Supporting Documents	[ ]	[ ]	[ ]

미국 이민비자 신청서(DS-260) 준비 서류

	서류명	발행처	수량	비고
1	이민비자신청서 (국문)	-	각각 1부	첨부된 미국 이민비자 신청서는 가족 구성원 각각 작성
2	비자 사진 (5cm x 5cm 사이즈)	사진관	2매	가족 구성원 각각(흰색배경, 안경탈착, 뒷면 이름 기재)
3	여권 칼라사본 서명/인적 사항 면 (서명 필수)	-	1부	가족 구성원 각각(A4 용지 중앙에 위치하게 스캔)
4	미국 비자 사본	-	1부	해당 경우(과거부터 현재 비자 모두)
5	주민등록 초본(과거주소 모두 발급)			
6	기본 증명서(상세)	주민센터	1부	가족 구성원 각각 발급, 혼인관계증명서는 18세 이상만 발급
7	가족관계증명서(상세)			
8	혼인관계증명서(상세)			
9	(영문) 범죄-수사경력 회보서 - 외국입국체류허가용	경찰서	1부	만 16세 이상만 발급 *범죄경력과 수사경력이 한 장에 같이 나오는 범죄, 수사경력 회보서, 외국입국체류 허가용으로 영문발급
10	경찰, 법원 판결문 등	법원 등	1부	벌금 납부, 체포, 구속/기소, 음주운전 등이 있는 경우 반드시 제출 (해당 시 변호사에게 별도 문의) *본인의 범죄수사경력 유무를 파악하는 방법: 경찰서에서 '범죄, 수사경력 회보서, 수사자료표 내용 확인용, 실효된 형등 포함'을 열람해서 확인(본인 확인용으로만 열람되는 서류임)
11	(영문) 출입국 사실 증명원 (개인별)	주민센터 출입국관리소	1부	출생일부터 현재까지 모든 기간 발급(출입국 기록에 해당 국가 명을 기재)
12	(영문) 병역 증명서	주민센터 병무청	1부	해당 경우
13	(영문) 외국 신원조회서	해당 국	1부	만 16세 시점부터 6개월 이상 거주한 나라가 있는 경우(미국 제외), 해당 국가 신원조회서 필요함
14	협의이혼 확인서 혹은 이혼판결문	법원 등	1부	주신청자/배우자 중 이혼 경험 있는 해당인
15	(영문) 사망진단서 혹은 사망확인서	병원	1부	주신청자 및 배우자 중 현재 혹은 이전 배우자와 사별한 경험이 있는 해당인
16	입양서류	주민센터	1부	해당 경우(입양기관, 병원 등에서도 발급)

서류를 준비하여 변호사나 이민전문업체를 통해 NVC에 보냅니다. 그러면 한달 안으로 서류가 정상 접수되었다는 문서가 옵니다.

NVC가 보내는 서류 정상 접수 알림 문서

United States Department of State
National Visa Center
31 Rochester Ave, Suite 200
Portsmouth, NH 03801-2915

Dear Sir/Madam,

The National Visa Center (NVC) received all the requested documentation for this immigrant visa case. The applicant is now in the queue awaiting an interview appointment overseas, where a consular officer will adjudicate the applicant's visa application.

NVC schedules appointments one month in advance. The U.S. Embassy tells us what dates they are holding interviews, and NVC fills these appointments as they become documentarily qualified. Most appointments are set within three months of NVC's receipt of all requested documentation. However, before applicants in a numerically limited (preference) visa category can receive an appointment, their priority date **must** also be current. This can delay receipt of an appointment. You can track your priority date using the Visa Bulletin on travel.state.gov.

When an appointment is available, we will notify the applicant, petitioner and attorney (if applicable). The applicant can prepare now by reading about the embassy's interview requirements online at nvc.state.gov/interview. Thank you for your patience.

The embassy may require additional documents at the interview. For example, if the following three items are **all** true, the applicant must bring a new police certificate to the visa interview:

- He or she is more than 16 years old;
- The police certificate submitted to NVC was obtained more than one year ago; and
- He or she still lives in the country that issued the certificate.

The applicant should not make any travel arrangements, sell property, or give up employment until the embassy has issued a visa.

Sincerely,

National Visa Center

Case Number:
Beneficiary's Name:
Preference Category:
Priority Date:

이후 인터뷰 일정이 잡히면 다음과 같은 인터뷰 통지서를 받을
수 있습니다.

인터뷰 통지서

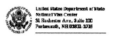

United States Department of State
National Visa Center
31 Rochester Ave, Suite 100
Portsmouth, NH 03801-3718

The National Visa Center (NVC) is pleased to inform you that we scheduled your immigrant visa interview at
the U.S. Embassy or Consulate in SEOUL, SOUTH KOREA. This interview is for immigrant visa case

Please promptly read and follow all Interview Preparation Instructions located on the Department of State's
web site at: nvc.state.gov/interview. Be sure to review the "Items You Must Bring to Your Visa Interview"
checklist prior to traveling to the embassy or consulate.

Important information regarding the required medical appointment is listed on this site. Failure to promptly
follow all instructions provided on this site will result in your immigrant visa being refused at the initial
interview.

신체검사하기

인터뷰 날짜가 나오면 변호사나 이민전문업체에서 신체검사[5] 안
내 메일을 보내줍니다. 신체검사는 서울 4곳, 부산 1곳에서 진행합
니다(2019년 기준). 병원은 강남세브란스병원, 여의도성모병원, 신촌
연세세브란스병원, 서울대병원, 부산해운대 백병원입니다.

신청자는 병원 한 곳을 선택하여 검사일을 예약해야 합니다. 의
료 보험이 적용되지 않으며, 15세 이상은 31만~39만 7,091원, 만 2

세~14세는 16만~34만 5,000원, 0세~만 1세는 13만 5,000~22만 원입니다. 신체검사 유효기간은 검사받은 날로부터 6개월입니다. 따라서 6개월 내로 미국에 입국해야 합니다. 결과지는 신체검사 보고서와 엑스레이로 받습니다. 밀봉된 봉투로 도착하는데, 대사관 영사 인터뷰 때 밀봉된 상태로 제출해야 합니다.

문제는 인터뷰까지 시간이 촉박하여 검사를 빠르게 진행해야 한다는 것입니다. 검사 결과지는 반드시 인터뷰 전에 받아야 합니다. 그래야 영사 인터뷰 때 제출할 수 있기 때문입니다. 모든 가족이 신체검사를 해야 합니다. 개별로 예약하여 검사해도 상관없습니다.

병원 예약할 때 구비 서류를 확인해야 합니다. 음주운전 기록이 있다면 인터뷰 때 추가 신체검사를 요청받을 수도 있습니다. 결핵을 앓았다면 재검으로 8~10주 정도 소요될 수 있습니다. 따라서 결과지가 나오는 시간과 대사관 인터뷰를 고려하여 조율해야 합니다. 15세 미만 신청자라면 신체검사 때 보호자가 동행해야 합니다. 신체검사는 시력, 체중, X-ray 측정 등이 있습니다. 볼거리, 홍역, 풍진 MMR, 수두VZV, 소아마비, 파상풍Td, B형 간염[7]등 빠진 예방접종이 있다면 신체검사 당일 접종합니다.

인터뷰 및 주의사항

인터뷰 전 준비물은 다음과 같습니다. 여권 만료일이 1년 이하로 남았을 경우, 수속에 영향을 줄 수 있으므로 재발급 받아야 합니다. 다음 서류들은 주한미국대사관 인터뷰 직전에 제출하는 것입니다.

가족구성원 모두 챙겨야 합니다.

- 비자 인터뷰 예약확인서(대사관 입장 시 정문 접수원에게 보여줌)
- 여권 원본(구/신여권 모두 지참, 현 여권 유효기간이 1년 이상 남아있는지 확인)
- 유효한(유효기간 남아있는) 미국비자(F1, B1/B2 등) 지참
- 인터뷰 요청서
- 신체검사 결과지(밀봉)
- 미국 여권 사진 규격 2매(5cm × 5cm)
- 인적사항 서류(가족관계증명서, 혼인관계증명서, 기본증명서 등; 별도 요청 시)
- 범죄, 수사경력 회보서 관련 약식명령문, 법원판결문 등(범죄 기록이 있는 경우)
- 분실신고접수증(영문; 미국 비자를 분실했던 경험이 있을 때)
- NVC단계에서 추가로 요청 받은 서류(해당 시)
- 인터뷰 후 이민비자 패키지 전달 받을 국내 주소

인터뷰 날짜에는 가족과 함께 주청원자가 가야 합니다. 즉, 정해진 날짜에 주청원자가 인터뷰를 마쳐야 합니다.

인터뷰 절차는 다음과 같습니다.

① 주한미국대사관 입장 및 서류 제출
② 인터뷰 전 대기 후, 지문 채취 및 선서

③ 인터뷰 진행(통과 시 비자를 택배로 받음. 미통과 시 빠진 서류를 안내하는 파란 서류, 일명 블루레터를 받음)

다음은 인터뷰 예상 질문 목록입니다. 네이버 '미준모(미국 이민을 준비하는 모임) 카페'에서 발췌한 내용입니다.

예상 질문 목록

학교	세부전공이 무엇인지?
	출신학교는?
	○○ 학위는 몇 년도에 졸업했는지?
	지도교수 이름은?
	저널이나 페이퍼는 있는지?
	논문 내용이 어디에 응용이 될 수 있는지?
	연구는 본인이 직접 한 것인지?
회사	현재 직업은?
	다니는 회사 이름은?
	경력은 얼마나 되었는지?
	현재 포지션은?
	현재 하고 있는 업무에 대해 설명하시오
	가장 잘했다고 생각하는 프로젝트는?
	전공과 현재하고 있는 일이 관련성 있는지?
	특허는 있는지?
	특정 특허 설명을 하시오
	특정 특허에 대한 활동 여부는?
	공동 발명자와의 관계는?

이민·취업 계획	미국 가서 무엇을 할 것인지?
	미국 어느 지역으로 가고 싶은지?
	미국회사에서 고용 제안을 받았는지?
	제출했던 향후 연구계획과 고용 제안받은 회사에서 진행할 연구방향이 일치하는지?
	미국 어떤 회사에 취직할 것인지?
	들어가고자 하는 회사 이름은 무엇이며, 어떤 회사인지?
	왜 그 회사에서 일하고 싶은지?
	취직 시도는 했는지 아니면 하고 있는지?
	지금 이민을 가려는 이유는 무엇인지?
	자녀 교육 때문에 이민을 가려고 하는지?
	근무하고 있는 직장은 어떻게 할 것인지?
	언제 출국 예정인지?
	미국으로 가져가는 자금은 어느 정도 인지?
추천인	추천인과의 관계는?
	추천인은 만나봤는지?
	추천인은 어떻게 찾았는지?
	추천인 전문 분야는?
	추천서는 누가 어떻게 작성했는지?
	추천인이 직접 사인했는지?
변호사	변호사는 누구인지?
	어떤 역할로 했는지?
	수임료는 얼마인지?

	NIW는 어떻게 알게 되었는지?
	미국에 업계 지인이 있는지?
	배우자는 일을 할 계획인지? 과거 무슨 일을 했는지? 영어 실력이 어떤지?
기타	자녀 몇 명 있는지? 몇 살인지?
	미국에 친인척이 있는지?
	과거 미국을 방문한 적이 있는지? 누구랑 갔는지?
	미국이나 그 외 국가에 거주한 경험이 있는지?
	범죄사실이 있는지?
	미국에 가면 연봉은 어느 정도 받을 수 있는지?
	미국에 영구 영주할 의사가 있는지?

인터뷰는 가급적 영어로 준비해야 합니다. 과거에는 필요 시 통역관과 함께 진행하였으나, 최근 영어를 못하는 사람은 미국 체류에 문제가 있다고 봅니다. 실제 저와 같은 날 인터뷰한 사람은 'hello'만 하는 정도의 실력이었습니다. 영어 실력이 부족하자 영사는 그 사람의 미국 내 활동에 의구심을 갖기 시작했고, 인터뷰가 길어졌습니다. 결국 그 사람은 블루레터에 '비자발급 보류' 판정을 받았습니다. 영어가 반드시 필요하거나 높은 수준으로 요구되는 직업일 때, 인터뷰는 영어로 준비해야 합니다. 단, 예체능 같은 직종일 때는 비교적 간단한 의사소통으로 진행된다고 합니다.

제가 받은 인터뷰 질문은 '프로젝트를 설명해달라, 미국에 유사

프로젝트가 있는가? 프로젝트 고객은 누구였는가? 추천인과 어떤 관계인가? 미국 어디에서 체류할 것인가? 배우자는 무엇을 할 것인가?' 등이었습니다. 그리고 가족 관련 질문을 받았습니다.

주한미국대사관 영사 권한은 매우 막강합니다. 최근 이민국 승인이 났음에도 영사권한으로 AP를 요청하는 경우가 많아졌습니다. 이렇듯 인터뷰에서 떨어지는 경우도 빈번히 발생합니다. AP가 요청되면 미국대사관에서 추천인에게 전화로 사실관계를 확인합니다. 청원자의 사실관계 확인을 위해 관련 증빙자료 등을 요청할 수도 있습니다. 미국 이민법은 아주 엄격하므로 거짓이 있어서는 안됩니다.

인터뷰를 마친 후에는 귀가하면 됩니다. 이후 일주일 내로 이민 비자가 붙은 여권과 노란색 서류 봉투가 도착합니다. 노란색 봉투는 미국 첫 입국 때까지 개봉하면 안됩니다. 이는 입국 때 공항 심사관에게 영주권을 받으러 왔다고 하면서 제출하면 됩니다.

비자 수령과 또 다른 시작

앞서 이야기했듯 신체검사 후 6개월 안으로 미국에 입국해야 합니다. 첫 입국 때 많은 사람들이 괌으로 갑니다. 저도 괌을 선택했습니다. 미국 본토에 가는 사람도 있습니다. 이는 전문가와 상의해보면 됩니다. 그리고 입국 시점까지 한국에서 기다리는 동안 미국 직장을 살펴보기 바랍니다. 구직사이트는 링크드인Linkedin, 인디드Indeed, 몬스터Monster[6] 를 추천합니다.

인디드
사이트 화면

몬스터 사이트 화면

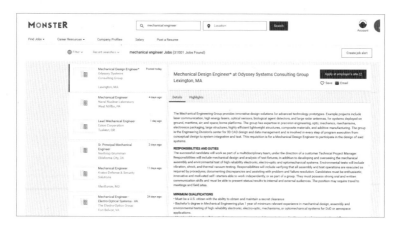

사이트에서 관심 직종을 보면, 자격 사항도 알 수 있습니다. 보통 해당 분야 요구사항(경력 연수, PE, PMP 등), 사용 가능 프로그램(MS office, CAD 등)이 있습니다. 나와 맞는 일을 찾아 공부하거나 자격증을 취득하는 것이 좋습니다. 물론 영어는 해야 합니다. 또한 미국 취업을 위해서는 추천서가 필요합니다. 이 추천서를 어떤 방법으로 받을지 고려해야 합니다. 저도 아직 고민 중입니다. 한국 내 추천서는 큰 의미는 없다는 것이 중론이며, 미국 내에서 일하고 있는 같은 분야 전문가의 추천서가 필요합니다. 추천서 문제로 미국 학교에 진학하는 경우도 있다 하니 미국 네트워크 문화가 얼마나 중요한지 알 수 있습니다.

첫 미국 입국

저는 인터뷰 후 4개월 만에 괌으로 갔습니다. 첫 입국 때 인터뷰 후 택배로 온 노란색 봉투를 갖고 공항 심사관에게 영주권을 받으러 왔다고 하면 됩니다. 심사관은 내용 확인 후, 주의사항을 알려 줍니다. 다음은 영주권자에게 권고되는 권리 및 의무입니다.

영주권자 권리는 다음과 같습니다.

• 미국에 영구히 살거나 일할 수 있는 권리

• 공립학교를 다닐 수 있는 권리

• 여행을 목적으로 미국 입출국이 가능한 권리

• 남편, 아내, 미혼의 자녀에 대한 미국비자 신청의 권리

영주권자 책임(의무)은 다음과 같습니다.

• 미국에 거주 유지(영주권은 여행비자가 아님)

• 외국에 살면서 영주권자 지위를 유지하기 위해 1년에 1회 미국에 입국하여 스탬프를 얻는 것은 불가(영주권 수령 후 Re-entry를 신청하면 미국 들어가는 시기를 조율할 수 있음. 신청 시 2년 연장 가능)

• 모든 연방, 주, 지역의 법을 따름

• 영주권자 신분확인서를 휴대해야 함. 특히 여행 다닐 때 휴대해야 함

평범한 직장인, 미국 영주권 받다

모든 내용이 마무리되면 영주권이 배송됩니다. 지정한 미국 내 에이전트나 변호사 사무실을 통해 배송받을 수 있습니다. 저는 괌 에서 일단 5일을 있었습니다.

여행자가 아닌 이민자의 관점에서 봤을 때, 합법적인 이민으로 미국에 살게 되면 좋은 점들이 어떤 것이 있는지 현지 한국인을 통 해 어느 정도 알 수 있었습니다.

저는 약 한 달 뒤에 자택으로 그린카드, 그러니까 영주권을 받았 습니다. 저는 엔지니어를 계속할 생각입니다. 저를 위해서 그리고 이 책의 후속편을 위해서라도 말이죠.

괌에서 제가 할 수 있는 모든 일을 마무리하고 찍은 사진입니다.

부록 I

다나사르 판례 알아보기

다나사르 판례

과거 NIW 영주권 신청이 기각(뉴욕주 교통국 판례 기준)된 인도인 청원자가 이에 항소한 사건이 있었다. 결국 항소심에서 과거 판례의 문제점이 인정되었고, 영주권이 승인되었다. 이때 새로운 판례인 다나사르가 정립되었다. 이를 시작으로 NIW 승인 기준이 뉴욕주 교통국 판례에서 다나사르 판례로 바뀌게 되었다.

뉴욕주 교통국 기준은 '개인의 과거 성취나 업적'에 초점이 있었으며 무엇보다 청원자에게 노동허가를 요구하는 것이 국가적 이익에 해가 된다는 증거를 제출해야 했다. 반면, 다나사르 판례에서는 '상당한 경제적 영향을 미칠 수 있는 가능성의 증거'는 유리하지만, 필수가 아님을 이야기한다.

또한 청원자가 즉각적이고 정량화된 경제적 결과를 창출하지 못하더라도, 그 잠재적 영향이 국가적 중요성을 갖는지 고려한다. 그리고 유사한 자격을 갖춘 미국 현지 근로자가 있다 하더라도 청원자의 기여가 시급한지 등을 종합적으로 보고, 노동허가 면제가 미국에 유익한지 판단한다. 그리고 다나사르 판례에서는 노동허가 요구의 위해성 증명이나 청원자가 종사하는 분야에서 미국 노동자와의 비교를 요구하지 않는다. 이로써 다양한 개인(기업가, 자영업자)도 NIW 승인이 보다 유연해졌다.

다음은 다나사르 판례 중 일부를 발췌하여 요약한 것이다(이민법인 대양 제공).

- 주제: 청원자의 다나사르 판례(Matter of Dhanasar, Petitioner)
- 일시: 2016년 12월 27일 판결
- 재판부: 미국 국토안보부(U.S. Department of Homeland Security), 이 민국(U.S. Citizenship and Immigration Service), 미 인민국 항소위원회 (Administrative Appeals Office)

사실관계

청원자는 노스캐롤라이나 농업기술대학에서 이학 석사 두 개와 공학 박사학위를 마쳤다. 청원서 접수 당시 대학교에서 박사 후 과정 연구원으로 근무하고 있었다. 또한 항공/우주 추진 시스템 관련 연구 개발/항공우주공학에 관한 강의를 할 예정이었다. 청원자의 석사 및 석사 후 연구는 극초음속 추진기관(마하 5 이상의 속도에서 추진을 수반하는 시스템)과 전산 유체 역학, 특히 고속 공기호흡 추진 엔진의 검증된 연산 모델과 극초음속 공기 흐름을 정확하게 계산하기 위한 새로운 수치 개발 건이었다. 청원자는 대학에서 연구를 계속할 계획을 갖고 있었다.NIW를 위해 청원자 자격에 대한 신뢰성 있는 자격 증빙 서류, 발표 논문 및 인용 논문, 전문가 협회 회원 증명 서류, 청원자 연구 및 강의 활동 서류 등을 증거 자료로 제출했다. 나아가 항공우주 분야 전문가로부터 청원자 연구와 초음속 추진 시스템 분야에 대한 전문성을 인증해 추천서를 받았다.

쟁점

논의 쟁점 사안은 청원자가 NIW 자격이 있다는 것을 입증했는가다.

적용 규정

미국이민국은 청원자가 다음을 입증할 경우 NIW를 승인할 수 있다. 즉, ①청원자가 미국에서 종사하려는 전문분야가 상당한 가치와 국가적 중요성을 갖고, ②청원자가 미국에서 본인 전문분야를 잘 발전시킬 수 있는 유리한 자격을 보유하고 있으며, ③종합적으로 보았을 때 취업 이민 2순위의 고용 계약과 노동허가 요구 절차를 면제해주는 것이 미국 국익에 도움될 것이라는 판단이 있으면 가능하다.

분석

첫째, 재판부는 청원자의 전문분야가 상당한 가치와 국가적 중요성을 지녔음을 입증했다고 인정한다. 청원자는 나노위성, 로켓 추진

탄도미사일, 단발 궤도선 차량 등 군사·민간 기술 활용을 위한 추진 체계의 설계·개발 연구를 계속 할 것임을 입증했다. 또한 청원의 내용을 주장하는 증빙 서류에서, 해당 분야 연구가 '어떻게 미국이 극초음속 항공 분야에서 다른 국가보다 우위를 유지하여 안보와 방위를 강화시킬 수 있는지' 설명하고 있다.

재판부는 이 연구가 과학 지식 수준을 높이고 나아가 국가 안보 이익과 민간 우주 분야에서 미국 경쟁력 향상을 목표로 하기 때문에 상당한 가치를 갖는다고 인정했다.

또한 기록은 청원자 전문분야가 국가적으로 중요하다는 것을 추가로 증명했다. 전문가 추천서와 언론 기사에서는 다른 나라들이 하고 있는 극초음속 추진 시스템 분야의 노력, 발전 양상을 설명했다. 즉, 미사일, 위성, 항공기에 사용하기 위해 해당 기술을 연구, 개발하는 데 있어 미국 발전이 갖는 전략적 중요성에 대해 논의했다.

둘째, 재판부는 기록으로 봤을 때, 청원자가 전문분야를 진전시킬 수 있는 유리한 입지에 있음을 입증한다고 보았다. 청원자는 관련 분야 학위 취득에 그치지 않고 미 국방부 임무$_{DOD}$를 지원하는 연산 모델을 연구 개발했다. 이에 따라 미군 부대의 항공우위성과 방위능력을 향상시키고 지구 관측과 행성 간 탐사 플랫폼 개발에 도움을 줬다.

청원자는 자신의 연구에 대한 미국 정부의 관심과 투자를 기술하는 상세한 추천서를 제출했다. 이 기록에는 청원자가 미국 항공우주국$_{NASA}$과 국방부 산하 공군연구소$_{AFRL}$의 지원을 받은 프로젝트에서 중요한 역할을 했다는 내용이 포함되어 있다.

따라서 해당 분야 교육, 경험, 전문성, 연구 프로젝트에서 청원자의 중대한 역할, 그리고 NASA, AFRL 같은 정부 기관의 지속적인 관심과 자금 지원 등을 고려하면 청원인은 초음속 기술 연구 분야를 발전시킬 수 있는 입지에 있다고 할 수 있다.

셋째, 종합적으로 재판부는 고용 계약과 노동허가 요구 절차를 면제하는 것이 미국에 도움될 것이라 판단했다. 앞서 언급했듯 청원자는 전문분야와 연계된 분야에서 대학원 학위 3개를 보유하고 있다. 그리고 기록은 그가 고도의 전문화된 분야에서 상당한 경험과 전문성이 있음을 보여준다. 또한 초음속 추진 연구가 미국 국가 안보와 경쟁력에 큰 영향을 미친다는 것도 보여준다. 청원자가 핵심 역할을 했던 연구에 정부의 지속적인 연구비 지원은 NASA와 국방부를 포함한 정부 기관이 이 주제에 대한 그의 연구가 유망하다고 판단했음을 알 수 있다.

재판부는 미국 이익을 증진시키는 분야의 성공적 연구 기록을 근거로, 비록 자격 조건을 만족하는 다른 미국인 근로자가 있다고 가정하더라도 청원인이 미국 국익을 증진시키는 데 기여한다고 판단했다.

결론

이 기록은 ①청원자의 항공우주공학 연구는 상당한 가치와 국가적 중요성을 모두 갖고 있으며, ② 청원자는 자신의 연구를 진전시킬 수 있는 유리한 위치에 있고, ③종합적으로 고용 계약과 노동허가서를 면제하는 것이 미국에 유익하다는 점을 많은 증거들로 증명했다고 인정한 것이다. 결과적으로 재판부는 청원인이 NIW 승인 자격을 갖추었다고 판단했고, NIW 자격을 보유하고 있다고 판시했다.

주문

항소를 인정하고 원고의 청원을 승인한다.

부록 II

FE, PE 등록 과정

FE와 PE

본문에 언급했듯 영주권을 받는 것이 이민의 끝은 아니다. 미국 이민 후에는 취업 문제가 생긴다. 나는 엔지니어 FE, PE 자격증을 취득했다. 이 자격증은 미국 취업 시 유리하게 작용한다. 따라서 인디드·몬스터 검색 후 본인 분야가 PE를 요구하는게 맞다면 이 자격증 취득을 권한다. 엔지니어가 아닌 독자들도, 본인 분야의 미국 자격증을 미리 준비해놓으면 미국 취업 시 도움이 될 수 있으리라 본다.

여기서는 본문에 짧게 언급했던 FE, PE의 NCEES 등록 과정을 소개한다. 한국기술사협회의 정식 인용 허가를 받은 자료다.

FE NCEES 등록 과정

① 사이트 https://account.ncees.org/login에 접속한다. 이후 'Create an account' 버튼을 클릭한다.

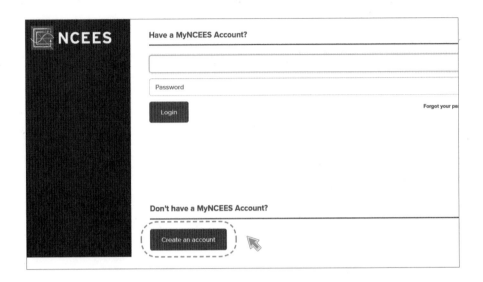

② 아이디, 비밀번호(대문자, 소문자 포함하여 8개 이상) 등을 기입한다.

③ 이후 계정이 활성화된다.

Instructions for activating your MyNCEES Account
───────────────────────────────────────

We've sent an email to you at ▓▓▓▓▓▓▓ .▓▓▓. Activate your account by following the instructions provided in the email.

④ ②에서 등록했던 이메일에 접속하여 활성화를 클릭한다.

⑤ 좌측 Exams 항목을 누른 후, 화면의 Register for an exam을 클릭
한다.

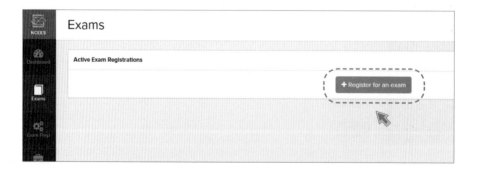

⑥ Contact information(개인정보사항)을 기입한다.

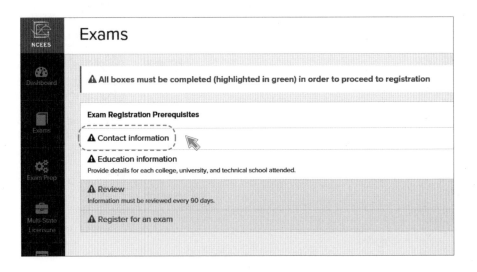

⑦ Contact information 기입 후 Update information을 클릭한다.

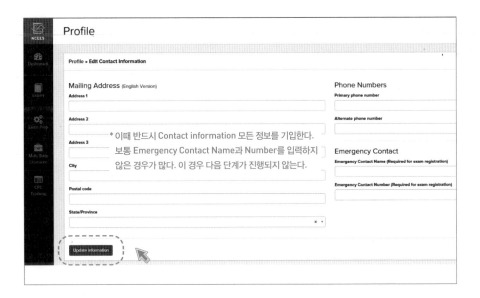

⑧ Education information(학력사항)을 기입한다.

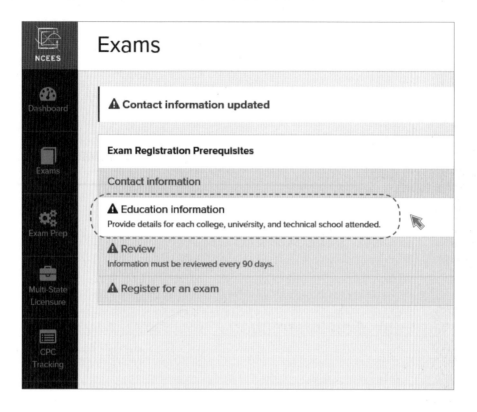

⑨ Education information(학력사항) 기입 후 Done adding education 을 클릭한다. 그러면 학력 사항 기입란이 나온다. 만약 응시자의 출신대학이 NCEES 입력 리스트에 없을 경우 담당자에게 이메일을 보내면 된다.

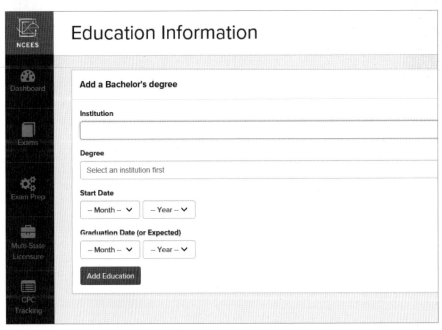

⑩ Information Review에 들어간다.

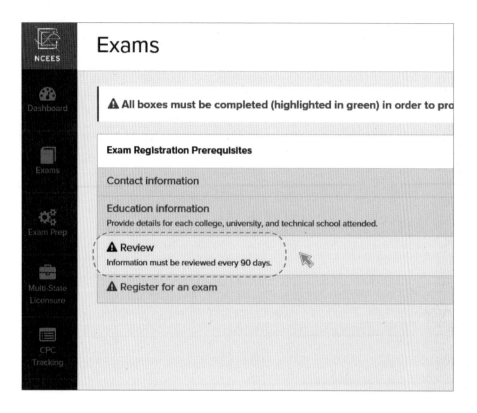

⑪ Information Review에서는 기입한 정보를 확인, 체크 후 Continue 를 클릭한다.

⑫ Register for an exam(시험 등록)을 클릭한다.

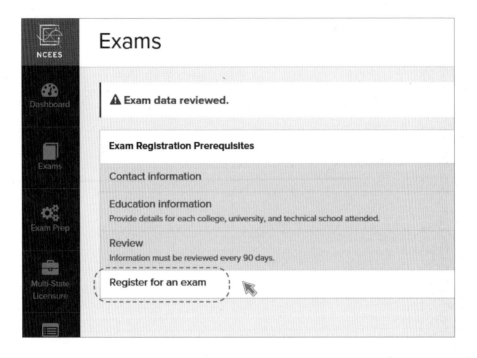

⑬ 좌측에 FE(Fundamentals of Engineering)를 클릭한 후, 응시할 FE 과
목(오후 과목)을 선택한다.

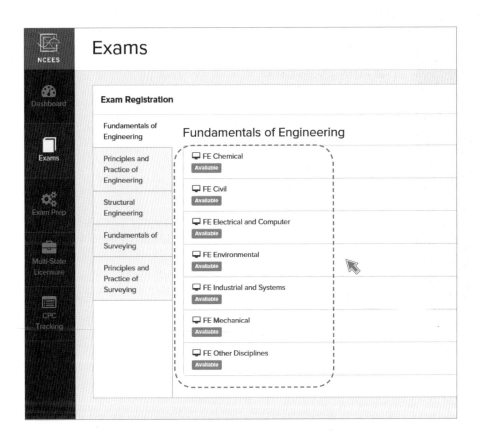

⑭ 그다음 Licensing Board를 선택한다. Licensing Board는 반드시 'KPEA'로 선택하라. 다른 곳, 예를 들어 오리건주(Oregon)를 선택하면 수수료를 지불해야 한다.

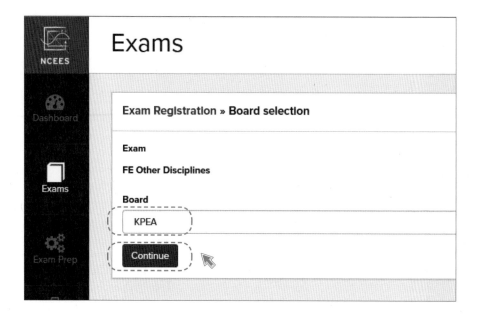

⑮ 이후 Board Specific Information 화면을 확인하라. KPEA와의 협약 및 계산기 규정 재확인 후 'Acknowledge' 버튼을 클릭한다.

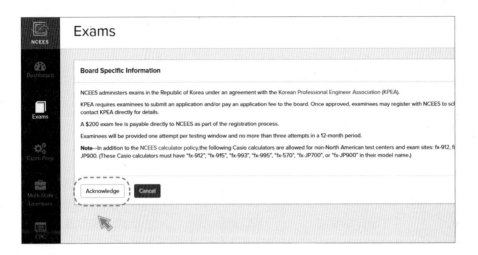

⑯ 응시 규정 확인 후 I Agree(동의합니다) 버튼을 누른다.

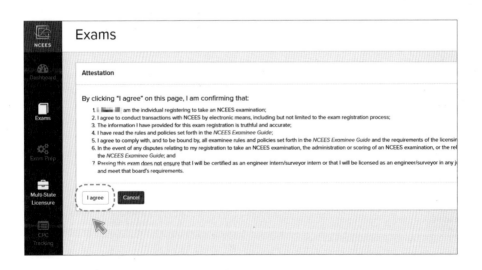

⑰ "Would you like to request special accommodations for your exam administration?" 질문에서는 'I do not need any accommodations(숙박 제공하지 않음)'를 누른다.

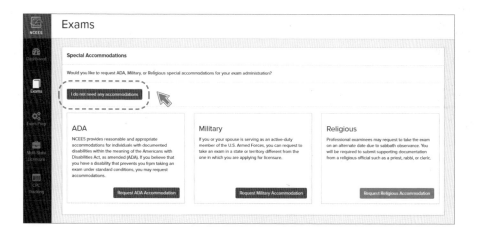

⑱ 다음은 Preparation Materials 구입 여부 확인이다. 모의고사 구입 자만 카트 추가하면 된다. 이후에도 구입 가능하다.

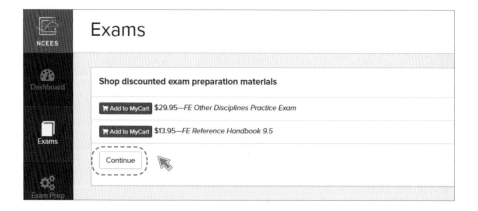

⑲ Review 화면 확인 후 Continue to checkout 클릭한다.

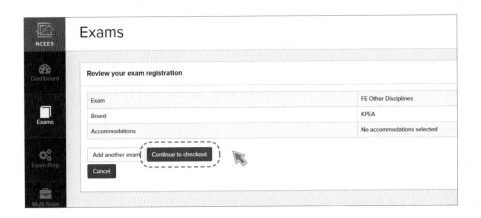

⑳ 다음 화면에서는 Billing Address(카드 청구 주소)를 기입한다.

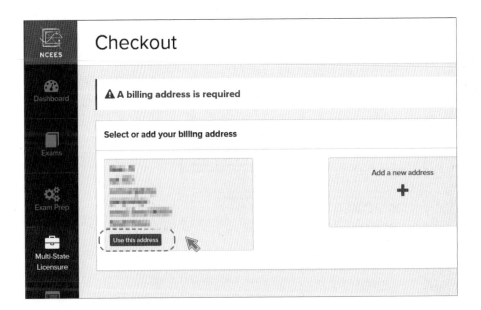

㉑ 마지막으로 카드 정보를 기입하면 된다. 완료하면 KPEA 담당자가 승인한다. NCEES에서 승인 완료되면 로그인하여 스케줄을 등록한다. 일정 확정 후 변경 시에는 수수료를 지불해야 한다. 입실 시간이 지난 후에는 시험 응시가 불가능하니 주의해야 한다. 또한 시험 당일 유효기간이 남은 여권을 반드시 지참해야 한다.

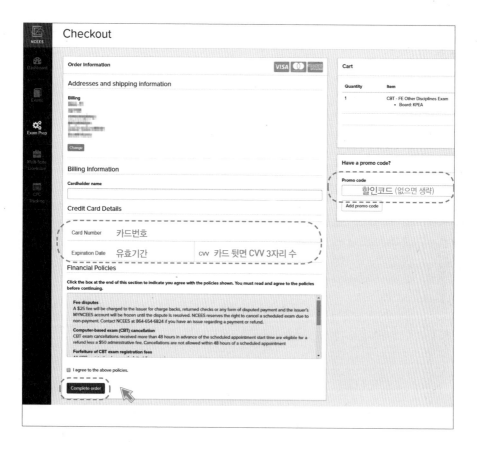

PE NCEES 등록 과정

① 먼저 사이트 'https://account.ncees.org/login'에 로그인한다. 왼쪽 메뉴 상단 3번 째 'Exams'를 클릭한다.

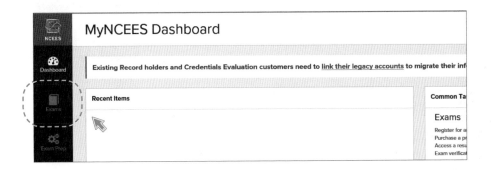

② Register for an exam 버튼을 클릭한다.

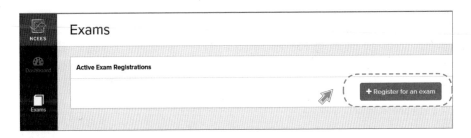

③ 응시 과목을 선택한다.

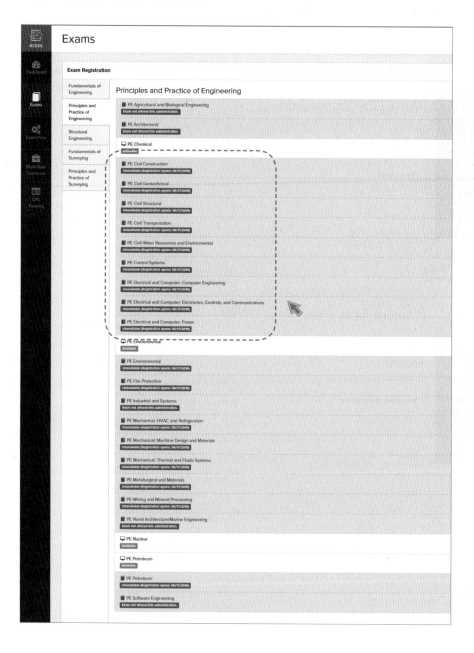

④ 다음 화면에서 Licensing Board는 'KPEA'를 선택한다.

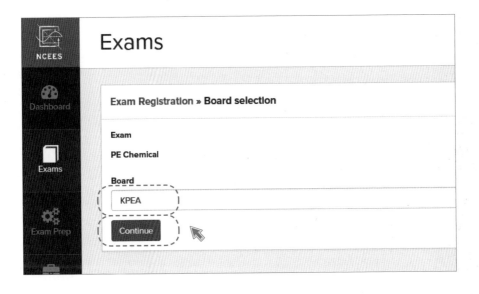

⑤ 시험 안내 규정을 확인하고 Acknowledge를 클릭한다.

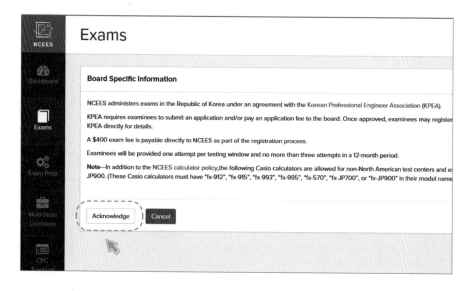

⑥ 다음 약관 숙지 후 I agree(동의합니다)를 클릭한다.

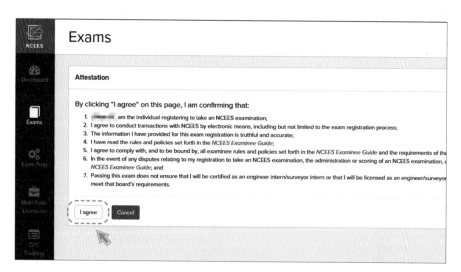

⑦ "Would you like to request special accommodations for your exam administration?"에서는 'I do not need any accommodations(숙박 제공하지 않음)'를 선택한다.

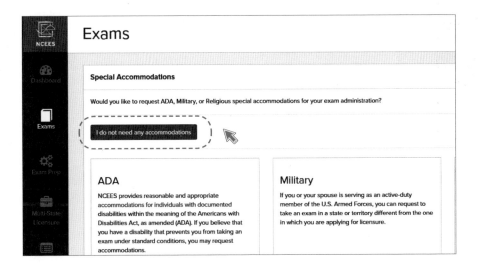

⑧ 다음은 Preparation Materials 구입 여부 확인이다. 모의고사 구입 자만 카트 추가하면 된다. 이후에도 구입 가능하다.

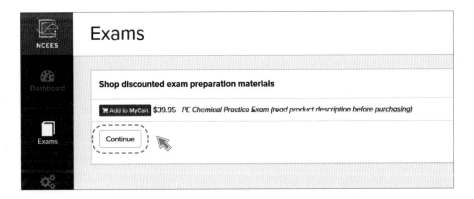

⑨ Review 확인 후 Continue to checkout 버튼을 클릭한다.

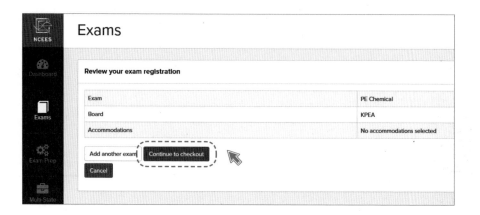

⑩ 이후 등록이 완료된다. 등록 완료하면 KPEA 담당자가 승인할 예정이다. 수험표는 시험 2~3주 전에 NCEES에서 발송한다. 시험 당일 수험표와 유효기간이 남은 여권을 반드시 지참해야 한다. 참고로 시험 장소는 변경될 수 있다.

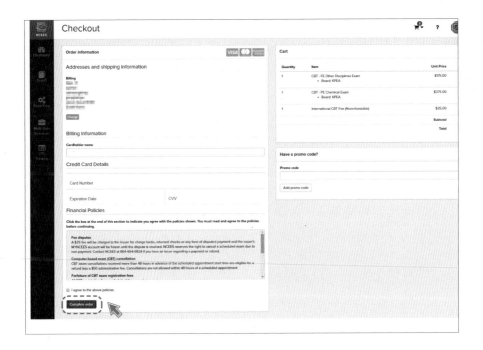

NIW 과정에서 엔지니어는 '어떤 프로젝트를 했는가? 프로젝트에서 어떤 역할을 했는가?'가 특히 중요하다. 내가 진행한 합성가스 프로젝트는 전 세계에서 손가락 안에 꼽히는 상용화 프로젝트였다.[1] 나는 공교롭게도 새로운 일만 찾아서 수행했다. 왜 그랬는지 명확히 설명하긴 어렵다. 굳이 신념으로 포장하진 않겠다. 그냥 끌려서인 듯하다.

나의 커리어 방정식에 따르면 가능한 한 '최신의 대형 프로젝트'를 수행하는 것이 옳다. 그리고 프로젝트에서 얼마나 중요한 역할을 했는지, 본인의 전문성이 일관되는지를 증명하는 것이 관건이다. 이는 NIW 변호사 및 전문가의 공통 의견이다. 새롭고 힘들기만 한 프로젝트라도 큰 그림을 그리며, 시야를 미국이나 전세계로 넓히길 바란다. 레드오션은 경쟁이 심해 그 가운데 두각을 나타내기 어렵다. NIW에 맞는 프로젝트를 했는지 스스로에게 물어보고 만약 그렇다면 특허, 논문, 학위, 수상 등을 통해 점진적으로 발전하기 바란다. 자격증만 갖고 NIW 승인되기란 쉽지 않다. NIW에 관심있다면 본인 경력이 미국 국익에 도움이 되는지 생각해봐야 한다. 스스로 판단하지 말고 비슷한 사례를 진행한 변호사나 전문가에게 본인의 자격을 판정해보고 보완점을 알아보자.

추천서는 변호사의 도움을 받아 추천인이 다듬으면서 진행할 수 있다. 무엇보다 추천인은 모든 내용 거짓이 없는지 체크해야 하며, 직접 서명은 필수다. 박사의 경우, 논문 피인용자(해당 분야 전문가)에게 추천서를 부탁할 수 있다. 하지만 대다수 일반 엔지니어는 논문이 없다. 따라서 미국에서 활동하는 전문가(인디펜던트)에게 추천서를 받는 것이 상대적으로 어렵다. 게다가 일면식도 없는데 추천서를 부탁하는 것은 더욱 쉽지 않다. 그러므로 초기부터 네트워크 형성에 힘써야 한다. 분명 도와주는 사람을 구할 수 있을 것이다. 참고로 난 책의 저자이기에 추천서 요청은 정중히 사양한다.

신분 문제가 해결됐을 때, 비로소 PE의 가치가 발생한다(본인의 전공 및 경력과 일치한 PE 효력 발생). 휴스턴과 메릴랜드에 있는 PE의 경우, 모두 일정 이상의 연봉을 받는 것으로 확인된다. 단 자격증이 만능은 아니다. 다시 한 번 말하지만, NIW 승인이 됐다고 해서, 또 자격증이 있다고 해서 본인의 역량을 과신해 취업·정착에 문제가 없을 것이라는 너무 큰 믿음은 버려야 한다. 취업 관련 내용은 미국으로 넘어간 뒤, 기회가 있으면 다루도록 하겠다.

NIW 사례를 보면, 아무래도 성공 확률은 박사 출신이 가장 높다. 석사 출신인 나는 4개월 만에 이민국 승인이 났다. 그럼 내가 미국 명문 박사나 교수보다 뛰어난 것인가? 그건 객관적으로 아니다. 스펙으로 줄 세우기 좋아하는 한국 정서로 봤을 때, 나는 감히 비교될 수 없다. 그렇지만 나의 NIW 승인은 한국에서 회사 다니며 월급 받고, 틈틈이 공부하여 얻은 결과물이라 더 유의미하다고 생각한다. 대부분 직장인 그리고 엔지니어라면 나와 상황이 비슷할 것이라 본다. 미국에 살아보겠다고 다니던 회사를 무작정 그만 두고 학생 신분으로 유학 가는 것은 좋지 않은 결과로 이어질 수 있다. 이는 본문에서 충분히 설명했다.

일을 할 때, 내 잘못이든 아니든 담당 기기에 문제가 생기면 해결해야 했다. 피한 적은 없었다. 큰 그림을 보고 일종의 투자라고 생각했다. 대부분 걱정하고 책임만 추궁하려 할 때, 난 현장에 나가 식견 있는 사람에게 묻고 책을 찾아가면서 해결하려 노력했다. 그 와중에 귀한 경험과 노하우를 가질 수 있었다.

덧붙여 나는 실패한 일도 많다. NIW가 승인되고 휴직 기간 중 한국기술사 시험을 준비했지만 떨어졌다. 아쉽지만 그 분야 지식을 조금이라도 얻었으니 족하다. 그리고 두 번 떨어진 미국 CAD시험에 다시 도전하여 합격했다. 실패? 두려워하지 마라. 어떤 이들은 나의 실패를 기대할 수도 있을 것이다. "이 저자 결국 미국에서 취업 못하고 마트에서 카트 몬다더라"는 말을 들을까 걱정했다면 책을 쓰지도 않았을 것이다. 몸이 허락하는 한 도전은 계속할 것이다.

다른 사람 기준에 맞춰 사는 함정에 빠지지 말라. 대다수가 최고

라 생각하는 안정, 철밥통 속에서는 변화와 기회를 잡을 수 없다. 성공적 삶은 자신이 되고자 하는 곳에 있다.

스티브 잡스가 졸업 축사에서 했던 명연설의 마지막 부분을 인용하며 이 책을 마무리한다.

Stay Hungry, Stay Foolish.

Thank all very much.

주

PART 1

1 《시사인》, 2016. 12. 27, '돈도 실력인 미국의 교육정책'

2 〈University Language Service〉, 2018. 12. 20, 'Ivy League SAT Scores Comparison'

3 SAT 같은 미국대학 입학시험으로 현재 대부분 대학이 SAT와 차별 없이 ACT 점수를 입학사정에 포함함. 보통 SAT, ACT 중 하나를 선택하여 대학에 입학함

4 〈Business Insider〉, 2018. 08. 03, 'the 50 smartest public high schools in America'

5 '2019 best private high school in America' (https://www.niche.)

6 〈중앙일보〉, 2018. 11. 30, 'L-1 주재원 비자 받기 더 어려워졌다'

7 〈KOTRA 해외시장뉴스〉, 2018. 09. 07, '미국 주재원 비자 최근 경향'

8 Federal Student Aid an office of the U.S. Department of Education

9 고등학교에서 미국 교육부가 정한 강화프로그램(Advanced or honor secondary program)을 이수할 경우

10 'College Factual-discounted tuition available for in-state student' 그리고 미국의 일부 대학(약 14개)에서는 유학생도 'in state' 적용 받아 1/3학비를 내기도 한다. 〔이강렬, 《가난한 아빠 세계 명문대 학부모 되기》, (에듀북스, 2018), p. 99〕

11 California Student Aid Commission 'Cal Grant A&B competitive Program'

12 성적 장학금(merit based)까지 포함하면 장학금 종류만 2,000개가 넘음

13 Need Aware로 인해 미국 상위 대학 입시반 학생 부모들 사이에선 학자금보조 신청은 곧 낙방이라는 공식으로 받아들여지고 있음〔이강렬, 《가난한 아빠 세계 명문대 학부모 되기》, (에듀북스, 2018), p. 99〕

14 미국 유학생이라면, 학위 후 인턴 기간(실무 수습 기간)으로, 마지막 학기 종료 90일 전~마지막 학기 종료 후 60일 안에 신청할 수 있음

15 Science, Technology, Engineering and Mathematics

16 〈중앙일보〉, 2018. 07. 27, '미국에 남고 싶어도 남을 수가 없습니다. 한인 유학생 6년 연속 줄어'

17 〈주 로스엔젤레스 대한민국 총영사관〉, 2017. 12. 20, '미국 취업의 첫걸음. OPT와 H-1B 비자'

18 〈주 로스엔젤레스 대한민국 총영사관〉, 2018. 04. 26, 'H-1B비자 보고서를 통해 본 실리콘벨리 취업전망'

19 〈EN Tech〉, 2018. 10. 20, 'Three-fourths of H-1B visa holders in 2018 are Indians: US report'

20 〈Professional Immigration Services〉, 2019. 02. 01, '올 4월 H-1B 사전접수 추첨부터 메릿베이스 적용'

21 〈LJ 비자이민컨설팅〉, 2019. 01. 08, 'Cap Exemption(쿼터 면제) H-1B 비자'

22 고용주가 외국인에게 요구된 임금수준을 지불할 것이라는 증명서로 노동국에 제출해야 함

23 이한길, 《NIW 영주권》, (책과 나무, 2015), pp. 32-41

24 'US Citizenship and Immigration Services' EB-1, EB-2, EB-3 참조

25 〈머니투데이〉, 2018. 07. 31, '때아닌 미투자이민 열풍 문턱 올리기 전에 가자'

26 〈Professional Immigration Services〉, 2016. 12. 20, 'H-1B 해고'

27 〈Radiokorea US Life〉, 2012. 04. 04, '이민정보'

28 이한길, 《NIW 영주권》, (책과 나무, 2015), pp. 41-45

29 특히 노동허가단계와 이민청원단계에서의 영주권 수속 취소가 위험함

30 〈Professional Immigration Services〉, 2019. 01. 08, '2018년 한국인 미국취업영주권 취득 5.6% 또 줄었다'

31 〈USCIS report of visa office〉, 2018 VI Preference immigrant visas issued

32 USCIS employment-based immigration: second preference EB-2

33 이민법인대양 자료로, 변호사마다 차이 있음

34 USCIS employment-based immigration: first preference EB-1

PART 2

1 고체, 액체, 기체, 고체+액체, 증기 등을 의미

2 로드밀, 펌프, 컴프레셔, 터빈, 응축기, 냉동기 등 회전기계

3 미국은 현재 셰일가스 붐으로 에너지 수출국이 되었으며, 이에 가스 및 에너지 산업이 각광을 받고 있음. 이 때문에 제조업 등이 호황기를 맞이함

4 〈서울경제〉, 2019. 04. 10, '인터뷰, 한국을 떠는 두뇌'

5 이민법인대양 자료

6 PCT 국제출원할 경우 국제조사가 이루어지므로 심사 결과를 대략 예상 가능하며, 해외 진입 기간이 연장되므로 차후 각 국가에 출원할 수 있음

7 http://www.kipris.or.kr/khome/main.jsp

8 https://www.kipa.org/kipa/index.jsp

9 https://www.ipseoul.kr/main.do

10 2016년 3월 10일 한-미(텍사스) 상호인정 협정 체결

11 한국기술사회 미국기술사 시험 안내로 사용허가를 득함

12 단, 수학 및 경제성공학 그리고 4대 역학(정역학, 동역학, 유체역학, 열역학)은 포기하지 말 것

13 한국을 포함한 일본, 이집트, 대만에서 시험 볼 수 있음

14 2007년 6월 국제적인 공학교육인증 협의체인 워싱턴코드(Washington Accord) 정회원으로 한국이 가입함에 따라 ABEEK 인증 졸업생은 법적·사회적 모든 영역에서 회원국의 졸업생과 동등한 자격을 가짐

15 서울대학교 교과목 소개(syllabus) 영문자료를 이용하는 것도 좋은 방법임

16 한국기술사회 FE·PE 공학교육인증(학력인증)

17 미국은 해고(layoff)가 자유롭다. 따라서 네트워크가 중요하다. 내가 해고됐을 때 지인 소개 및 추천으로 재취업이 가능하며, 마찬가지로 지인이 해고당했을 때도, 내 도움을 받아 재취업할 수 있다. 미국 취업 시, 대부분 이력서에는 추천서가 필요하다.

18 한국프로젝트경영협회(http://www.pma.or.kr/)에서 발췌

PART 3

1 미국 구직 문화를 대변하는 비즈니스 인맥 기반의 채용 포털사이트. 본인 학교의 동문이 근무하는지 확인할 수 있음

2 미국국토안보부는 9.11 테러 이후 설립됨. 9.11 테러 이전에 미국이민국은 법무부 산하기관이었음

3 국무부 이민비자 프로세스에 따르면, 에이전트를 선정(본인도 가능)하게 되어 있으나 변호사/이민전문업체가 했다면 이들이 진행함. 국무부 이민비자 프로세스는 https://travel.state.gov/content/travel/en/us-visas/immigrate/the-immigrant-visa-process.html 참조

4 변호사나 이민전문업체가 작성을 도와줌

5 미 국무부의 영사국 웹사이트 내 신체검사 참조

6 www.monster.com

에필로그

1 애석하게도 석탄 가격 상승 및 가스 가격 하락으로, 현재 그룹 이사회에서 본 사업을 중단한 상태임

이 책은 일반 회사원의 미국 영주권 취득 과정을 생생히 보여주는 책이다. 이 와중에 미국 영주권 취득이 막막했던 독자는 해결책을 얻을 수 있다. 이 책을 읽으면서 한발 두발 걷다보면 미국 영주권 취득 방법이 무엇인지, 어떤 구상을 하고 실천해야 하는지 알 수 있다.

벤처기업 에스디에스 대표 김준범

미국 영주권 취득에 대한 가장 현실적 방안을 제시하고, 일반인이 접하기 어려운 고급 정보를 이해하기 쉽도록 풀어 쓴 책입니다. 영주권을 꿈꾸면서도 실행에 옮기지 못하고 있는 독자는 이 책과 함께 첫 발을 내딛어 보기 바랍니다.

삼성전자 기계PE 김돈훈

NIW 지원 절차 및 과정을 이해하기 쉽도록 일목요연하게 정리한 책입니다. 이 책으로 미국 영주권을 준비하는 것이 가장 적은 비용으로 안전하게 취득할 수 있는 유일한 길임을 강조하고 싶습니다.

미국 기계PE 정혁수

한국만큼 미국생활에 만족하고 살려면 생각보다 더 많은 준비가 필요합니다. 이 책은 '영주권만 있다면 미국에서 잘 살 수 있다'는 생각의 패러다임을 바꿔주는 책입니다. 이 책을 통해 한국 엔지니어가 보다 쉽게 미국으로 진출했으면 합니다.

메릴랜드주 한인 PE

저자를 가까이서 지켜본 사람으로서, 사내정치하지 않고 묵묵히 일하며 이런 큰 그림을 그렸다는 것에 놀랐다. 그리고 어떻게 준비해야하는지 방법을 집필했다는 것에 또 한 번 놀랐다. 평범한 직장인뿐만 아니라 자녀들이 넓은 세상에서 큰 꿈을 펼치기 바라는 부모라면 꼭 읽어봐야 할 책이다.

저자의 고객사 엔지니어

평범한 직장인,
미국 영주권 받기

초판 1쇄   2019년 7월 17일

지은이   남정용
책임편집   오수영
마케팅   박종욱 김선미 김혜원

펴낸곳 매경출판㈜   **펴낸이** 전호림
등록 2003년 4월 24일(No. 2-3759)
주소 (04557) 서울시 중구 충무로 2(필동1가) 매일경제 별관 2층 매경출판㈜
홈페이지 www.mkbook.co.kr
전화 02)2000-2642(기획편집) 02)2000-2636(마케팅) 02)2000-2606(구입 문의)
팩스 02)2000-2609   **이메일** publish@mk.co.kr
인쇄·제본 ㈜M-print 031)8071-0961
ISBN 979-11-5542-993-8(03320)

이 도서의 국립중앙도서관 출판예정도서목록(CIP)은 서지정보유통지원시스템 홈페이지(http://seoji.nl.go.kr)와
국가자료공동목록시스템(http://www.nl.go.kr/kolisnet)에서 이용하실 수 있습니다.
(CIP제어번호: CIP2019023732)